너에게 없는 것이 **나에겐 있다**

너에게 없는 것이 **나에겐 있다**

초판 1쇄 인쇄 2020년 2월 20일
초판 1쇄 발행 2020년 2월 24일

지은이 이동진
펴낸이 이태선
펴낸곳 창작시대사

등록번호 제2-1150호(1991년 4월 9일)
주소 경기도 고양시 덕양구 행주로 83번길 51-11(행주내동)
전화 031-978-5355 **팩스** 031-973-5385
이메일 changzak@naver.com

ISBN 978-89-7447-225-2 03190

너에게 없는 것이 **나**에겐 있다

/ 이동진 지음 /

이제부터는 예전과 다른 삶을 누린다.
나도 이제는 잘 살 수 있다!

창작시대사

들어가는 말

삶의 행복이라는 것은 자신의 주관을 실천하는 과정에서 얻어진다. 하지만 자신의 주관을 실천한다는 것이 생각처럼 쉬운 일은 아니다. 자신의 주관을 상실한 채 늘 누군가의 의견에 동조하고 추종하며 그들에게 이용당하면서 사는 사람들을 우리는 의외로 자주 만날 수 있다.

상대방으로부터 자신의 견해가 무시되고 차단당한다고 느낄 때 우리는 깊은 좌절감을 맛보게 된다. 만약 당신이 어떤 상황에서 상대의 의견을 조율하고 당신의 주관을 실천할 수 있는 멋진 조정자가 되길 원한다면 이제 이 책을 읽음으로써 그 목적을 이룰 수 있을 것이다.

이 책은 당신의 주관대로 이 세상을 살아갈 수 있다는 가능성을 당신에게 심어줄 것이며, 당신이 결코 무기력한 존재가 아니라는 것을 일깨워줄 것이다.

또한 이 책은 당신이 미처 알지 못했던 당신의 능력을 당신에게 찾아줄 것이다.

당신은 상대방의 마음을 바꿀 수도 있고 상황을 조절할 수도 있게 된다. 각 상황에 필요한 간단한 기술과 전략들은 이 책에 소개된 공식을 적용함으로써 어렵지 않게 얻어질 것이다. 중요한 것은 이 책이 단순하게 상대방을 설득하기 위한 요령을 설명하는 책이 아니라는 사실을 당신이 깨닫는 일이다.

이 책은 당신이 누구와 언제 어디에 있든 남보다 민첩하게 상황을 이해하고 남을 조정할 수 있는 보이지 않는 힘을 기를 수 있는 심리적인 훈련을 권유하는 책이다. 그 전략들은 특수 심리학의 원리를 기초로 신중하게 만들어진 것들이고 어떤 상황에서도 유효하게 적용할 수 있다.

우연하게 돌발되는 상황을 예견하고 조절할 수 있다면 인생이 얼마나 수월해질까를 한 번 상상해 보라.

당신은 무슨 일이 일어날까를 두려워하는 대신, 어떤 상황에서도 사람들을 완벽하게 조정하고 지배할 수 있는 당신의 능력에 스스로 만족하게 될 것이다.

복잡하고 무분별하게 보이는 인간의 행동에도 눈에 보이지 않는 세밀한 원칙과 질서가 자리잡고 있다. 이 책은 그런 비밀스러운 원리들을 당신에게 은밀하게 전해줄 것이다.

이제 당신은 인간 행동을 지배하는 원리를 효과적으로 적용했을 때 상대방의 분위기나 상황이 얼마나 달라지는지 직접 경험하게 될 것이다.

처음에는 생소하겠지만 심리적 원리에 일단 친숙하게 되면 어떤 상황에서든 당신은 자신의 가능성을 발견하여 상황을 당신에게 유리하게 이끌 수 있을 것이다.

차 례

PART I
세상 사람들이 나를 좋아하도록 만든다

PART II
세상의 중심에서 성공하는 법을 익힌다

PART III

나에게 주어진 상황을 조정하고 관리한다 | 129

PART IV
다시는 속지 않고 이용당하지 않는다

프롤로그

사람이면 누구나 지금 자신이 처해 있는 현실보다 더 만족스럽고 행복한 삶을 꿈꾼다. 그렇다면 보다 행복한 삶을 살기 위해 당신이 꿈꿀 수 있는 것은 무엇일까? 아마도 인생의 모든 과정에서 다른 사람에게 이용당하지 않는 법을 당신이 터득하는 것이 아닐까 생각한다.

이것은 누가 대상이 되었든 당신이 삶의 주관자가 되어 당신의 생각대로 상황을 이끌고, 타인에게 영향을 미칠 수 있도록 동기를 부여할 수 있는 방법을 이해하거나, 당신을 보는 타인들의 관점을 순간적으로 변화시켜 그들을 제압할 수 있는 능력을 모두 가리키는 것이다.

이 책은 바로 이런 방법들을 간단하면서도 명료하게 제시하고 있다. 여기서 제시하고 있는 방법들을 잘 습득하기만 하면 당신은 당신의 삶을 지금보다 훨씬 편안하게 만들 수 있다.

당연한 말이지만, 인생을 성공적으로 영위하기 위해서는 당신 스스로가 남보다 멋지거나 뛰어나야 한다. 또한 다른 사람들로부터 호감과 신뢰와 사랑을 받아야만 한다.

살아가는 동안 우리는 종종 다른 사람들의 도움을 필요로 하는 경우가 있다.

하지만 불행하게도 도움이 꼭 필요한 경우에 타인으로부터 적절한 도움을 받지 못하는 경우를 우리는 어렵지 않게 본다. 그것은 당신이 타인으로부터 호감과 신뢰를 얻지 못했기 때문에 발생하는 일이다.

사람들이 당신을 좋아하게 만드는 것이야말로 인생을 살아가는 데 있어서 가장 기본적이면서도 중요한 법칙이다.

Part 1에 제시되는 여러 가지의 심리적 전략들은 당신이 새로운 친구를 만들고 싶거나 협력자를 얻고 싶을 때, 그들 모두가 당신을 점점 특별하고 매력적이라고 생각하도록 만들어 줄 것이다.

새로운 인간관계를 맺게 될 때, 당신은 이제 두려움 없이 언제나 여유 있고 유리한 입장에서 상대방을 마음껏 컨트롤할 수 있을 것이다.

Part 2에서는, 우리들의 삶 속에서 쉽게 마주치는 여러 가지 상황이나 위기를 해결하고 모면하는, 보다 직접적인 전략들이 소개된다.

가령 당신이 누군가에게 빌린 물건을 돌려받아야 할 때, 혹은 좋지 않은 소식을 기분 상하지 않게 다른 사람에게 전달해야 할 때, 자신에 대한 나쁜 소문을 잠재워야 할 때 당신이 선택할 수 있는 최상의 심리적 기술들을 제시하고 있다.

이러한 여러 가지 기술을 통해 삶의 지잘한 위기를 극복해나가는 동안 당신은 보다 행복해질 수 있다는 강한 자신감과 성공에 대한 확신을 가질 수 있을 것이다.

당신은 인생을 살아가는 동안 수도 없이 마주칠 여러 가지 일들을 당신의 뜻대로 처리하기 위해서는 적절한 협력자가 필요하다.

Part 3에서 당신은 타인들을 쉽게 설득하고 그들을 당신 쪽으로 이끄는 방법을 배우게 될 것이다.

타인의 이해와 동의를 얻게 되면 당신은 어렵지 않게 당신이 원하는 일을 진행시킬 수 있다. 그것이 단 한 사람이든 아니면 한 무리의 집단이든 당신을 신뢰하고 믿고 따르게 하는 방법을 안다는 것은 매우 중요한 자질 중의 하나이다. 한 사람의 입장을 변화시키든, 군중을 선동하든, 당신은 당신의 의지대로 일을 진행시키는 놀라운 경험을 할 수 있을 것이다.

또 한 가지 행복한 삶을 위해서 필수적인 요소는 당신을 이용하거나 속이려는 사람들로부터 당신이 효과적으로 피할 수 있어야 한다는 것이다.

Part 4에서는 바로 그러한 전략들이 소상하게 소개된다.

당신을 이용하려는 사람들을 제압하기 위해서는 우선 그들의 속셈을 간파할 필요가 있다. 그리고 당신을 진정으로 위하는 사람과 그렇지 않은 사람을 구별할 수 있는 혜안을 가질 필요가 있다. 그러므로 누군가가 당신을 이용하려 할 때 효과적으로 대응하는 심리적 전술을 배우게 된다.

개인적인 경우이든, 직업적인 경우이든, 이제 더 이상 당신은 잘못된 사람에게 이용을 당해 실망하거나 좌절할 이유가 없어질 것이다.

덧붙여, 경쟁을 할 때 상대방을 쉽게 제압하는 심리적 기술을 가르쳐준다. 그것이 테니스시합이든, 직장에서의 승진 경쟁이든, 아니면 연인과의 데이트이든 인생에서 숱하게 만나게 되는 경쟁에서 효과적으로 상대를 다루는 방법과 경쟁에서 최후의 승리자가 되는 전략이 이 장에서 집중적으로 소개된다.

이 장에서 강조하는 것은 사람의 마음이 가장 강력한 무기가 될 수 있다는 것이다.

이 책에서 소개되는 여러 가지 심리적 전략이나 기술 등은 그러한 당신의 믿음을 다시 한 번 존중하고 그 믿음을 후원하는 지속적이고 강력한 무기가 되어줄 것이다.

PART I

세상 사람들이
나를 좋아하도록 만든다

세상의 중심은 당신 자신이 있는 곳이다.

또한 모든 관계의 중심은 당신으로부터 시작한다.

당신이 관여하지 않는 세상,

당신이 관여하지 않는 관계는

당신의 육신이 소멸할 때까지

당신과 무관하게 진행된다.

1
사람들로부터
호감받고 사랑받는
방법

- 친숙함은 경멸이 아니라 애착을 낳기 때문에 당신이 친근하게 하면 할수록 주위에 사람들이 모인다.

- 상호 간의 애정 법칙을 재현하라. 당신이 존경하거나 칭찬하는 것을 그가 확신하도록 하라.

- 상대방이 당신에게 사소한 호의를 베풀 수 있도록 배려하라. 그러나 의무감이 아니어야 한다는 것을 확인하라. 이렇게 하는 것은 당신을 더욱 좋아하게 하는 무의식적인 동기가 된다.

- 상대방의 몸짓이나 말의 속도나 말투를 일치시켜서 심리학적 교각을 세우고 관계를 설립하라.

- 우리는 자신 있는 사람에게 끌린다. 자신에게 너무 심각하지 않고 웃음을 지을 수 있는 자신감을 보여라.

- 자신에 대해 상대방이 좋은 기분을 갖도록 만들어라. 진정으로 칭찬하고, 친절하고 온화한 사람이 되자.

- 긍정적인 정신 자세를 가져라. 우리는 산다는 자체를 즐기는, 활력 있고 열정적이며 행복한 사람에게 끌린다.

상대방의 기분이 좋고
신나는 상황에 있을 때 접근하라

이 전략은 당신 자신과 상대방이 유쾌한 느낌으로 한 쌍이 되어 교제를 시작하는 데 유용한 전략이다.

당신이 상대방에게 호감을 받으려면 그 사람의 기분이 좋고 신나는 상황에 있을 때 말을 걸어야 한다. 이런 기분일 때 접근을 하게 되면 상대방은 당신에게 긍정적인 감정을 갖게 될 것이다.

상대방의 기분이 좋을 때 한결 말을 건네기가 수월하다. 상대방의 기분을 파악하기 힘들 때는 일단 그의 얼굴을 보라. 기분이 좋다면 얼굴 가득 미소를 띠고 눈을 크게 뜨며 당신을 반길 것이다.

혹시라도 얼굴 전체가 아닌 입가에만 미소를 띤 얼굴로 당신을 반긴다면, 그 사람의 기분이 대체적으로 좋지 않다는 것을 표시하는 것이다.

기분 파악을 위해서는 눈을 마주치는 것만큼 확실한 지표는 없다. 우리는 기분이 좋을 때는 상대방을 똑바로 응시하게 되고, 기분이 나쁠 때는 말하고 있는 사람에게서 시선을 피하게 되는 게 보통이다.

노출이 반복될수록
상대는 더욱더 긍정적으로 반응한다

어떤 연구 보고서에 의하면 한 사람에게 반복적인 관심을 드러낼 수록 그 사람 역시 상대에게 더욱 더 관심을 갖고 호감을 보인다고 한다(이것은 물론 처음 반응이 부정적이지 않을 경우이다). 이것은 사람이나 장소나 상품에 이르기까지 모두 적용되는 말이다. 이를 우리는 편의상 '노출'이라고 부르기로 하자.

상대에 대한 이러한 노출이 반복될수록 상대는 더욱더 긍정적으로 반응한다. 많은 회사들이 상품의 특징이나 장점을 말하지 않고 사진이나 이름만으로 광고를 하는 이유가 바로 여기에 있다. 그런 광고는 그 물건이 얼마나 훌륭한가를 말하지 않고 단지 우리에게 그 상품의 이미지를 기억시킬 뿐이다. 노출은 반복이라는 분명한 성분으로 존재하면서 그 자체만으로도 상품 매출이나 지명도를 증가시킬 수 있다. 그러므로 광고회사와 정치가들은 이런 원리를 곧잘 이용한다. 인간 행동의 이런 요소는 광범위하게 생활의 여러 분야에 영향을 미친다.

우리는 자신의 이름에 들어가는 철자가 이름에 들어있지 않는 철자들보다 더욱 매력적으로 느낀다. 이런 사실 또한 노출의 중요성을 잘 증명해주는 현상이다.

상대방에게 호감을 가지고 있다는
그 사실을 적극적으로 알려라

우리는 우리를 좋아하는 사람들을 더욱 좋아한다. 누군가가 우리에게 호감을 갖는 것을 알았을 때 우리 역시 무의식적으로 그 사람에게 호감을 갖는다. 그러므로 상대방에게 호감과 사랑을 받고 싶다면 상대방에게 당신이 호감을 가지고 있다는 사실을 적극적으로 알릴 필요가 있다.

당신이 그 사람을 싫어하던 감정을 바꾸면 그 사람 역시 점차적으로 당신을 좋아하게 된다는 것이다. 특별한 관계도 맺지 않고 180도로 방향을 바꾸지 않아도 그는 어느 순간 당신의 최고의 친구가 된다.

연구서들은 이렇게 점차적으로 발전한 호감이 순간적으로 친밀한 친구가 되는 것보다 결과가 훨씬 더 좋다고 말한다. 그러므로 그런 사람의 느닷없는 변화에 당황할 필요는 없다. 상대방의 태도가 변한 것은 비로소 당신이 자기를 좋아한다는 사실을 깨닫게 되었기 때문이다.

당신은 지속적으로 상대방에게 '좋아한다'는 사실을 알려야 한다. 그러면 그럴수록 두 사람의 관계는 더욱더 굳건하게 발전할 것이다.

우리는 자신과 비슷하고 유사한 취미를 가진 사람들을 좋아한다

자신과 정반대의 사람들에게 매력을 느낀다는 것은 사실이 아니다. 실제로 우리는 자신과 비슷하고 유사한 취미를 가진 사람들을 좋아한다. 우리는 자신과 상반되는 사람들에게 잠시 흥미를 느낄 수는 있지만 상호 간의 호감은 유사성과 공통점이 있는 사람에게 더 강해지는 법이다.

이런 법칙과 유사한 것이 '동병상련'의 원리이다. 근본적으로 변화무쌍한 인생을 살고 있는 우리들은 서로 간에 중요한 연대감을 형성하려는 경향이 있다.

예를 들면, 함께 괴로움을 겪으며 서로 간에 맹세를 다짐한 사람들의 우정은 강렬하게 발전한다. 또한 만난 적은 없지만 나쁜 일이든 좋은 일이든 과거의 유사한 경험이 사람들을 순간적으로 친구로 만들어 주기도 한다. 그래서 유사한 경험을 했던 상대방에게 따뜻한 감정이 생겨 '그가 나를 이해한다'라고 생각하게 된다. 그것은 우리들 모두가 이해받기를 원한다는 사실을 말해주는 것이고 그런 효과를 주는 사건이 현재의 상황으로 구체화된 것이다. 그래서 비슷한 경험을 한 사람은 그렇지 않은 사람보다 수월하게 상대방의 모든 것을 알고 이해하는 것이다.

상대방에 대한 당신의 호감을
숨김없이 표현해보라

상대방이 당신을 생각하게 만드는 법은 바로 당신이 그 상대를 어떻게 생각하느냐에 달려 있다. 당신은 상대방이 당신을 좋아하고 많이 생각할 수 있도록 최선의 노력을 다할 필요가 있다. 먼저 상대방에 대한 당신의 호감을 숨김없이 표현해보라. 그러면 상대방은 당신을 다시 바라보게 된다.

자신을 좋아하는 사람에 대해서 끝까지 냉정함을 유지할 수 있는 사람은 아무도 없다. 그러므로 당신은 지속적으로 상대방에 대한 호감과 애정을 표현하면서 당신이 처한 상황을 이야기해야 한다. 그러면 상대는 서서히 마음의 문을 열고 당신의 존재를 자신의 머릿속에 각인시키게 될 것이다.

사람은 누구나 자신의 일거수일투족을 흠잡으려는 사람보다는 자신의 장점을 알아보고 그것을 칭찬해주는 사람과 함께 있고 싶어 한다. 행복이라는 것은 바로 이러한 감정을 충실하게 재현하는 것이나.

이러한 사실을 잘 알고 있는 사람은 언제나 상대방의 기분을 좋게 만들려는 방법을 생각한다. 끊임없이 상대방의 매력을 찾으려 한다.

조화는 상호 간에 신뢰를 낳고
상대방과 심리적 교감을 갖도록 도와준다

조화는 상호 간에 신뢰를 낳고 상대방과 심리적 교감을 갖도록 도와준다. 사람은 누구나 상대방에게서 자신과 유사한 부분을 발견했을 때 그와 더욱 적극적으로 관계를 맺고 싶어 한다. 현재 사회에 존재하는 동호회나 서클 등은 이러한 사실을 극단적으로 증명하는 것이다. 관심을 함께 나누는 사람을 좋아하는 것과 마찬가지로 우리는 비슷한 행동이나 말을 하는 사람들을 좋아하고 그들을 매력적이라고 느낀다.

조화를 활용하는 심리적 전략 두 가지는 다음과 같다.

자세와 동작의 일치 - 상대방이 주머니에 한손을 넣으면 당신도 그렇게 따라하라. 그가 손짓을 하면 잠시 후에 똑같은 손짓을 무의식적으로 하는 것처럼 하라.

말투를 일치시키기 - 말의 속도를 같게 하려고 노력하라. 상대방이 말을 느리게 하면 당신도 느리게 하고 말을 빨리 하면 당신도 말의 속도를 빨리 하라.

상대방이
도움을 주게 만들어라

우리가 어떤 사람에게 좋은 일을 하면 그 사람을 더욱 좋아하게 된다. 그 사람에게 호의를 보이게 되면 우리는 그 사람에 대해 긍정적으로 생각한다.

어떤 사람이 당신의 사소한 부탁을 들어준다면 그 사람은 당신을 더욱 가까이 두고 싶어 하고 좋아하게 된다. 상대방이 우리를 좋아하게 하려면 그 사람으로 하여금 우리에게 도움을 줄 수 있도록 배려를 할 필요가 있다. 그가 당신의 친절에 감사하고 멋진 사람이라고 생각하는 동안에는 당신이 아무리 호감을 보이더라도 좋아하는 단계를 더 높일 수는 없다.

당신에게 필요한 것은 당신이 친절한 사람이라는 것을 믿도록 하는 것이 아니고 상대방 스스로가 당신에게 친절을 베풀었다는 느낌을 갖게 하는 것이다. 이러한 감정은 그가 당신에게 도움을 주었을 때 생기는 것이지 당신이 그에게 도움을 줬을 때 생기는 것이 아니다.

자신의 잘못과 실수를
인정하라

우리는 자기도취에 빠지거나 이기적인 사람에게는 감사하는 마음이 생기지 않는다. 스스로를 낮출 수 있을 때 상대방은 당신에게 더욱 접근하고 싶은 매력을 느낀다. 하지만 이것 때문에 우리의 생각과 행동 사이에 모순이 생기는 것도 사실이다. 어쨌든 표현이 냉정하고 진지하면 타인들은 우리를 너무 심각하게 받아들인다. 더욱이 '자만심'을 드러내는 것은 결코 바람직하지 않다.

우리는 자신감 있는 사람에게 매력을 느끼고 그들을 좋아하는 것이 사실이다. 그러나 자신감 있는 사람이라면 세상이 자신을 얼마나 위대하게 생각하는가를 걱정할 필요가 없다. 허풍스럽고 오만한 사람만이 내면의 사소한 것을 사람들이 알아주길 바라는 것이다. 우리는 본능적으로 그런 사람에게 거부감을 갖고 그들에게서 일말의 매력도 발견하지 못한다.

자신감 있고 확신 있는 사람은 자신의 실수에 웃을 수 있고 자신도 인간일 뿐이라고 쉽게 생각한다. 그래서 그들은 생각과 행동 속에서 갈등을 겪지 않는다. 우리 스스로를 너무 심각하게 받아들이지 않고 자신의 잘못과 실수를 인정하는 것만이 자신감 있는 모습을 세상에 보여주는 일이다.

긍정적인 정신 자세를 가져라.
활력 있고 열정적이며 사람에게 끌린다

적극적인 인생관을 갖고 있으면 자신감이 생기고 누구나가 좋아하게 될 매력을 풍기는 대단한 사람으로 바뀌게 된다.

그러나 잠깐만 생각해 보자. 당신은 혹시 정신적 고통을 겪고 있는 친구를 좋아해 본 적이 없는가? 실제로 그럴 수 있다. 보통 고통을 느끼는 사람은 자신과 비슷한 괴로움을 겪는 사람들 주변에 있기를 좋아한다. 하지만 당신이 정말 좋은 친구라면 친구가 느끼는 고통 주변에 함께 머무를 것이 아니라 친구를 당신이 알고 있는 밝은 세상 속으로 이끌어야 한다.

고통을 겪는 사람은 비슷한 처지의 또다른 사람을 동정하고 함께 세상에 대해 불평하기를 즐긴다. 당신은 그런 상황에 자신도 모르게 빠져들 수 있다. 그러나 좋은 분위기를 알게 되는 순간, 곧 고통 받는 사람과 단절하게 된다. 그는 자신이 받았던 것처럼 누군가를 위로하려 하지만 더 이상 그런 감정이 들지 않기 때문에 즉각적으로 그런 인간관계를 청산하는 것이다.

세상을 비관적으로 고통스럽게 바라보는 사람에게 일순간 끌리는 감정은 지속적인 호감이 아니라 단지 동정 때문이다. 당신은 그 사실을 명백히 알아야만 한다.

2
눈에 띄게
매력을 연출하는
방법

- 감정이 강렬해지는 장소에선 상대방을 적극적으로 매료시킬 수 있다.

- 젊다는 인식은 매력을 증가시킨다. 자세와 걸음걸이는 당신을 대단히 젊어 보이게 한다.

- 상대방을 향한 정열적인 감정은 단순히 눈을 바라보는 것만으로도 쉽게 발전할 수 있다. 그러므로 말을 하거나 들을 때는 상대방의 눈을 똑바로 바라보라.

- 상대방의 자신감이 결여되어 있을 때 그녀는 당신을 더욱 매력적으로 보게 된다. 여자가 의기소침해 있을 때 접근하면 당신은 그녀에게 더욱 매력적으로 보인다.

- 일단 상대방이 당신을 좋아하면 당신도 상대에게 매력을 느낀다는 사실을 알려라. 그래야 상대방이 당신에 대하여 더욱 깊은 매력을 느낄 수 있다.

상대의 감정을
자극하라

사람과 사람 사이의 관계에서 헤어스타일이나, 의상 한 벌이나, 훌륭한 직업보다 더 큰 영향을 미칠 수가 있다. 그것은 우리 몸에서 아드레날린을 형성하게 하며 상대방에게 매력을 느끼도록 하는 것은 물론이고 가끔씩은 성적 욕망이 일어나도록 하는 인간의 기본적인 본능이기 때문이다.

아드레날린은 공포나 흥분이나 운동 등과 같이 감정이 고조된 상태에서 형성되지만 열정과 감정 등으로 생기기도 하고 강화되기도 한다. 이것으로 우리는 어떤 형태, 어떤 상태에서 매력이 존재하는가를 추정할 수 있다.

무서운 영화나 힘겨운 출퇴근이나 육체노동 등으로 감정이 곤두서 있을 때는 그 좋지 않은 감정이 함께 있는 사람에게도 전이될 수 있다. 사실상 사람이 흥분을 느낄 때 무의식적으로 성적 욕망과 각성을 일으키는데, 이것이 바로 '상태이동'이다. 미적으로 전혀 어울리지 않는 커플에게 그들이 만난 곳을 물어보라. 이미도 체육관 등과 같이 감정이 고조되는 환경에서 만남의 기회를 가졌을 것이다. 아니면 둘 중 월등해 보이는 파트너가 불안하거나 신경이 과민했거나 어떤 일로 흥분해 있을 때 만났을 수도 있다.

매력적으로
걸어라

젊음은 인간에게 부여된 거의 완벽한 매력이다. 육체적 매력이 최고조에 이르는 순간도 젊은 시절이다. 그러나 나이를 들었을 때에도 젊어 보일 수 있는 희소식이 있다. 걸음걸이에 따라 사람은 얼마든지 젊게 보일 수 있다. 걸음걸이는 외형적인 매력에 한 몫을 톡톡히 한다. 사람들은 실제 나이나 성에 관계없이 늙어 보이는 것보다 젊어 보이는 걸음 스타일을 선호한다는 연구 결과도 있다.

그렇다면 어떻게 걷는 것이 젊어 보이게 하는 걸음걸이일까? 해답은 바로 유연성에 있다. 어린아이들의 모습을 눈여겨보라. 그들의 걸음걸이는 어른들의 것에 비해 얼마나 유연한가. 유연성을 기르는 것은 당신의 매력을 눈에 띄게 증가시키는 가장 효율적인 방법이다. 요가와 같은 운동은 유연성을 대단히 증가시켜 당신의 전반적인 자세와 걷는 모습을 완전히 다르게 바꿔준다.

그렇게 바뀐 당신의 모습에서 사람들은 새로운 매력을 발견하게 될 것이다.

말을 하거나 들을 때는
상대방의 눈을 똑바로 바라보라

서로 상대방의 눈을 마주 보는 것은 매우 신비한 현상을 불러온다. 눈을 마주 바라보게 되면 실제로 그 사람과 사랑에 빠지게 되기 때문이다. 하지만 눈을 마주 보는 것은 생각만큼 쉽지가 않다.

두 남녀가 2분 정도 상대방의 눈을 마주 바라보라. 상대방의 눈을 단 몇 분 동안만 바라보아도 두 사람 사이에 열렬한 감정이 생길 것이다.

당신이 파트너와 대화를 나누는 중에 이 전략을 적용하기 위해서는 말하고 듣는 동안에 계속해서 파트너의 눈을 똑바로 보아야 한다.

우리는 대화 중 상대방의 얼굴이나 시선을 외면하는 것이 보통이다. 대화 중에 상대방의 눈을 바라보는 것은 상대에 대한 최고의 존경과 사랑을 내비쳐 보이는 것이다. 그러한 당신의 마음은 자연스럽게 상대에게 스며들어가게 된다.

지금부터라도 당신은 대화할 때 상대의 눈을 들여다보는 습관을 가져라.

당신보다 매력적인 사람은
절대로 동반하지 마라

우리는 사람을 그 자체만이 아닌 다른 사람과 대비시켜 판단한다. 특히 처음으로 누군가를 만날 때는 이런 현상이 더욱 두드러진다. 눈으로 함께 있는 사람과 비교를 하면서 육체적 속성을 생각하게 된다. 이런 맥락에서 최근에 수영복 차림의 모델들을 보았던 남자들이 다른 여성은 물론 자신들의 아내조차 매력이 없다고 생각한다는 연구가 있다. 상대방에게 관심을 받고 싶으면 당신보다 매력적인 같은 성별의 사람은 절대로 동반하지 마라.

아무튼 처음으로 사람을 만날 때는 전혀 매력이 없는 다른 성별의 사람이든 같은 성별의 사람이든 동반하지 않는 것이 좋다. 이것은 한 개인만 보는 게 아니라 전체를 보고 판단하게 되는 교제법칙 때문이다. 유유상종이라는 말이 있지 않은가! 잘 이해하기 바란다. 당신 혼자이거나 성이 다른 매력적인 사람과 함께 하는 것이 최상의 접근법이다. 그렇게 되면 당신이 혼란 없이 다른 전략들을 적용할 기회가 생긴다.

매력적인 이성과는 함께 있어도 된다. 즉 당신을 하나의 개체로서 보는 상대방은 유사한 개체보다 다른 특성의 개체에게서 강렬한 매력을 찾으려 하기 때문이다.

자신감을 갖고 살아가되
겸손하게 처신하라

당신의 매력에 스스로 한계를 느낄 때 이용할 수 있는 방법이 '자존심'이다. 자존심이 상한 여자는 일반적으로 그렇지 않은 여자보다 남자에게 훨씬 더 강한 매력을 느낀다. 이것은 평소라면 데이트조차 응하지 않을 여자가 실연을 한 뒤에는 금방 당신의 호의를 받아들이는 반동효과를 설명해 주는 법칙이기도 하다.

우리보다 좀더 멋있어 보이는 사람들의 주변에 있을 때 우리는 자신감이나 용모에 덜 자만하게 된다. 더 매력적인 타인을 볼 때 우리의 자존심이 고통을 느낀다는 것이다.

반대로 자신이 남보다 우월하다고 느끼는 인간은 허풍을 떨면서 남에게 과잉 친절을 베풀거나 우쭐해서 경직되기도 한다. 이런 모습 속에는 인간은 자기가 가질 수 없는 것을 가지고 싶어 하고, 자신이 감당해야 하는 것보다 더 많은 것을 원한다는 인간 보편의 법칙에 대한 경고가 담겨 있다.

우리는 타인에게 관심을 갖고 친절해야 하지만 그것이 너무 지나쳐서는 안 된다. 상대방을 만날 때 자존심을 드러내는 것은 좋지만 그것이 지나쳐 오만이나 허풍으로 보이는 일은 없어야 한다.

3

첫인상을
강렬하게
심어주는 방법

- 미소를 지어라! 미소는 자신감, 행복감, 열정, 용납이라는 네 가지를 표현한다.

- 탁월한 효과를 보장하도록 처음 순간을 최선으로 이끌어라(5분 정도). 처음에 이어지는 대화는 상대방에게 호의적인 첫인상으로 스며들 것이다. 그것으로 매우 훌륭한 인상을 만들 수 있다.

- 우호적인 환경을 만들어라. 개인적인 상황이든 공적인 상황이든 제3자의 적절한 도움은 당신의 첫인상을 상대방에게 인식시키는 데 좋은 전략이 된다.

미소는
곧 자신감이다

첫인상을 좋게 만들기 위한 제1전략은 미소를 짓는 것이다. 미소는 네 가지의 강력한 힘을 동반한다. 자신감과 행복감과 열정, 그리고 가장 중요한 용납을 표현한다. 보통 사람들은 미소를 짓는 사람은 자신감이 있다고 인식한다. 신경이 과민하고 상황에 확신이 없는 사람은 미소를 짓지 못하기 때문이다.

당신이 미소를 짓는 것은 상대방과 함께 있는 것이 기쁘다는 것을 가장 확실하게 보이는 것이다. 그렇게 되면 상대방 역시 당신을 만나는 것, 당신과 관계 맺는 것에 더욱 관심을 보이게 된다.

미소란 또한 용납을 표현한다. 즉 당신이 상대방을 무조건적으로 용납하겠다는 것을 알리는 표시이다.

당신은 애완견이 왜 그렇게 사랑스러운지 의아하게 생각해본 적은 없는가? 그것은 애완견들이 무조건적인 미소로 우리를 반기기 때문이다. 당신에게 꼬리가 있다면 그것을 흔들어라. 그러나 꼬리가 없다면 미소로 내신하라.

미소는 대단히 중요하다. 당신은 언제 어디에서든 지금 당장 미소지을 수 있어야 한다. 미소는 당신의 모든 것이 긍정적이라는 것을 말해주는 것이다.

첫인상이란
단 한 번만 주어지는 좋은 기회다

최초의 평가가 나중에 보고 듣는 모든 것들에 스며들기 때문에 대단히 중요하다는 것을 의미한다. 사실상 한 사람의 올바른 이미지는 첫인상과 뒤이어지는 행동을 면밀하게 살펴보아야 창출할 수 있다. 하지만 첫인상에서 호감을 받으면 미래에까지도 당신은 좀더 관대한 평가를 받는 것이 가능해진다.

첫인상이 대단히 중요하다는 것은 아무리 강조해도 지나침이 없다. 상대방에게서 받은 정보의 인상이 그에 대한 일생의 감정을 지배할 수 있을 정도이니까 말이다. 그러므로 당신은 처음 순간을 최고 순간으로 만들기 위해 최선을 다해야만 한다. 그러면 당신의 나머지 대화들은 모두 그 속으로 스며들어 대단히 호의적인 인상을 만든다.

대담하고 자신감 있고 독립적이고 불굴이라는 첫인상을 주는 사람은 이후에 적극적인 인상으로 남는다. 이것은 밝고 친절하며 자신 있는 첫인상이 누구나가 희망하고 꿈꾸는 사람의 모습이기 때문이다. 그러므로 이런 마음속의 내적 열망은 처음 만나는 사람의 인상을 해석하는 데 척도 역할을 한다.

진심을
느끼게 하라

개인 문제에서뿐만 아니라 공적인 상황에서도, 당신을 소개하기 전에 먼저 우호적인 환경을 조성할 필요가 있다. 소개를 하기 이전에 동료 사원이나 당신의 조수에게 요즈음 휴가에 대한 당신의 계획 등을 적극적이고 활기찬 언어를 사용하여 얘기하는 등, 효과적인 분위기를 만들게 하는 것이다.

예를 들어 상대방은 제3자의 "이런 멋지고 아름다운 장면은 처음이군요", "당신들의 환대에 저는 감격했어요"와 같은 이야기에 쉽게 공감할지도 모른다. 이렇게 간단한 전략만으로도 당신은 당신의 의도를 어렵지 않게 실현할 수 있는 토대를 마련하게 된다.

둘만의 개인적인 상황에서라면 상대방에게 말을 꺼내는 것이 언제나 노련할 수 없기 때문에 보다 조심스럽고 세밀한 설명을 해야 한다. 무슨 말을 건네든지 상대방으로 하여금 그것이 진심에서 우러나오는 것이라고 믿게 해야만 한다. 그러기 위해서는 당신 스스로 상대방과의 관계를 확신해야 한다. 상대방과의 관계에 대해서 회의하거나 미심쩍어한다면 상대방은 당신의 의도를 금방 눈치 채게 될 것이다.

4
자신의
가치를
극대화시키는 방법

• 가격과 이용성은 사람이나 물건의 가치를 결정하는 데 영향을 주는 가장 현저한 심리적 요소들이다. 이런 두 개의 요소들은 우리가 생각하는 사람이나 물건의 가치를 급진적으로 올리기도 하고 내리기도 한다.

어떤 상대를 만나도
자신감을 잃지마라

인간관계라는 것은 언제나 상대적이다. 당신이 어떤 상대를 만났을 때 자신감을 잃거나 자신의 존재를 가치 있게 생각하지 않는다면 상대방은 오히려 자신감을 가지고 자신의 존재가 더 가치 있다고 생각하게 된다.

인생이란 거의 모든 것이 주관적인 원칙에 의해서 이루어진다. 이것은 절대적인 진실과 의견이란 존재하지 않고 가장 최근의 새로운 상황만이 사실이 될 수도 있다는 것을 의미하는 것이다.

다른 모든 정보는 이런 새로운 믿음의 체계를 통해 여과되는 것이다. 당신이 자신에게 어떤 다른 가치를 부여하거나 순간적인 가치를 높이길 원한다면 올바른 이미지를 만들 필요가 있다. 교섭 중이라면 다소 비합리적일지라도 매우 높은 가격으로 흥정을 시작할 필요가 있다. 이것은 당신의 품위를 자리매김할 수 있다는 측면에서 중요하다.

자유롭게
흥정을 하라

가치가 알려지지 않은 사람이나 물건을 취급할 때는, 언제든지 처음으로 감정하는 사람이 그 가치를 확인하게 된다. 분명한 것은 우리가 상대방의 가치를 말할 때, 그것은 인간이란 존재로서의 가치가 아니라는 것이다. 가치라는 것은 매우 불분명하고 주관적인 척도이다.

그러므로 인간관계에서 상대방의 가치는 물론이고 자신의 가치 역시 매우 혼란스럽게 정의된다. 중요한 것은, 당신의 가치를 높일 수 있는 사람은 바로 당신 자신이라는 사실이다.

당신은 쇼핑을 하고 있고 69달러면 타당하다고 생각하는 재킷에 눈독을 들이고 있다. '이 정도면 괜찮겠어'라고 생각하고 보니 가격이 690달러이다. 갑자기 재킷에 대한 생각이 급진적으로 변한다. 단순히 괜찮은 제품이라고 생각했던 것이 정교하고 미적 감각이 있는 고급제품이라는 생각으로 바뀐다. 그리고 세심한 바느질에 눈길을 보내면서 가격이 비싼 것을 이해하고 수긍하게 된다. 지금 당장 690 달러를 주고 살 수는 없지만 다음주에 129달러에 할인을 한다고 하니 그때 이 제품을 살 것이라고 당신은 결심한다. 어떻게 해서 이럴 수 있을까? 그것은 그 옷의 숨은 가치를 당신이 인식했기 때문이다.

가치를 확립하는 데는 가격보다 더한 요소가 하나 있다. 그것은 가치를 결정하는 다른 기준이 얼마나 유용한가이다. 사실 단순하지만 사람들은 흔하지 않은 것에 가치를 높이 둔다. 황금, 석유, 다이아몬드는 물과 공기보다 더욱 귀하게 여겨진다. 그것들은 흔하지 않기 때문이다. 비록 물과 공기가 우리의 생존에 필수이지만 우리는 황금과 보석을 더욱 귀하게 여긴다(물론 당신이 하루 동안 물 없이 살아보면 물이 왕의 몸보다 더욱 귀하다는 것을 알게 되겠지만).

당신은 인간관계에서 어떻게 자신의 가치를 확립할 수 있을까? 당신은 특별히 유용하지 않더라도 자신의 가치를 더욱 높일 수 있다.

처음에는 자유롭게 흥정을 하라. 그리고 조금 더 가격을 올려라. 그리고 당신의 능력을 기르고 발휘해서 계속 그 가치를 높일 수 있도록 하라.

필요하면 결코 좋은 흥정을 할 수 없다.
- 벤자민 프랭클린 -

5
상대방의
호응을
이끌어내는 방법

- 여러 면으로 감사하다는 메시지를 남겨라. 감사하다는 말에 싫증을 느낄 사람은 없다. 전하고자 하는 내용을 분명히 할 필요는 없다.

- 인간이란 존재는 내적인 호기심을 갖고 있으므로 메시지가 어느 정도 불명확해도 큰 문제는 없다. 적당히 내용을 감추면 상대는 당신이 전하고자 하는 말에 분명히 관심을 갖게 될 것이다.

호기심에
호소하라

답신하기를 주저하고 있는 상대방에게 다음과 같이 말해보라.

1) "너무 늦지 않았더군요. 전화를 주시면 알려드리겠습니다."

2) "아주 좋은 일이 있습니다. 전화를 주시면 말씀드리지요."

3) "대단히 고맙습니다. 전화를 주시면 말씀드리지요."

4) "당신이 옳았습니다. 전화를 주세요. 그리고 다시 생각합시다."

5) "당신도 그것을 좋아할 것 같군요. 전화를 주시면 사정을 말씀드리지요."

어떤 메시지가 당신의 전화에 가장 빠르게 답신을 할까? 다음과 같은 말을 응답기나 휴대폰 문자판, 혹은 메모지에 남겨보라. 그리고 어떤 반응이 오는가를 기다려보라.

"당신이 일을 잘 끝냈다니, 수고 많았습니다. 제게 전화를 주세요. 언제나 저는 당신에게 감사합니다."

이것은 거의 완벽한 언술이다. 전화를 받는 사람은 이런 메시지가 머리가 아플 것도 없고 설녕노 필요 없는 편안하고 유쾌한 내용이라는 것을 알고 있다. 그리고 만족감에 호기심까지 생긴다. 당신을 자신이 한 일을 인정해주는 멋진 사람이라고 생각하며 기뻐할 것이다. 어쩌면 감사하는 마음도 생길 것이다. 가장 중요한 것은 그 메시지의 진정성이다. 메시지가 아무리 유혹적이라도 하고자 하는 말이 분명해야 한다.

상대방은 당신에게 답신을 보내야할 지에 대해 언제나 결정을 내려야 한다. 결정을 하지 않는다는 것은 당신이 제공한 정보가 충분하지 못하기 때문이다.

그러나 위와 같은 메시지라면 그는 필히 전화를 걸어야 한다는 결론을 내릴 것이다. 그러므로 당신은 그 메시지를 정당화할 수 있는 새로운 정보를 준비해야만 한다.

당신은 자동응답기에서 과장되고 신뢰할 수 없는 메시지를 들은 적이 없는가? 그런 경험이 있다면 어떤 말이 상대방이 듣고 싶어 하는 말인지 잘 알 수 있을 것이다.

전체적인 내용을 파악할 수 있다는 것은 매우 중요한 일이다. 전화를 걸어온 사람은 당신에게 호감을 갖고 당신을 신뢰하고 있다. 당신은 그의 기대를 저버려서는 안 된다. 그의 기대와 신뢰에 부응한다면 그와의 관계가 오랫동안 호의적으로 지속될 수 있을 것이다.

상대로부터의 답신을 원할 때 사용할 수 있는 또 하나의 전략은 상대에게 궁금증을 유발시키는 것이다. 그러기 위해서는 당신의 신분이나 의도를 적당히 숨길 필요가 있다. 처음부터 당신의 신분이나 의도를 명백하게 밝힌다면 상대는 모든 전말을 쉽게 알아차리고 열려있는 가능성을 외면한 채 성급한 결론을 내리게 될 것이다.

당신을 상대방에게 밝히지 않는다는 것은 상대방으로부터 당신을 알고 싶다는 호기심을 유발시키는 것이다. 메시지를 만들 때에는 그 속에 상대의 호기심을 자극할만한 내용을 포함시켜야 한다. 당신이 모든 의도를 밝힌다면 상대는 깊이 고민하지도 않고 뻔한 일이라고 생각할 것이다.

호기심을 가져라. 판단하는 성향을 너무 갖지 마라.

- 월트 휘트먼 -

6
잘못을
적절하게
용서받는 방법

- 당신이 혼자서 완벽하게 통제할 수 없는 상황이었더라도 그런 행동을 하게 된 책임이 전적으로 당신 자신에게 있다고 말하는 것을 명심하라.

- 사과할 때에는 언제나 진지하고 특별하게 해야 한다.

- 잘못으로 인한 어떤 결과도 받아들일 준비가 됐다는 것과 당신을 용서할 권리가 상대방에게 있다는 것을 알려라. 그러면 그의 권위를 회복시킬 수 있다.

- 당신이 그런 행동을 하게 된 환경이 다시는 없을 거라는 것을 성실하게 증명하라.

- 그렇게 하게 된 동기의 원인 중에 두려움이 있었다면 사람들에게 그것을 정확하게 설명하라.

- 당신의 행동이 어떤 목적이나 이익을 위한 것이 아니었다는 것을 보여라.

잘못을 시정할 수 있는
길을 찾아라

살다보면 누구나 실수와 잘못을 저지른다. 실수와 잘못이 전혀 없는 삶은 열정적인 삶이라고 할 수 없다. 중요한 것은 실수와 잘못에 대한 뒤처리이다.

실수와 잘못을 저질렀을 때에는 물론 그 행위에 대해 사과를 하고 상대로부터 용서를 받아야 한다.

당신이 바보 같은 짓을 했고 죄의식을 느껴서 다시는 그런 일을 하지 않겠다고 굳게 다짐했다고 가정하자. 그런데 정작 상대방이 당신을 용서해주지 않는다면 매우 고통스러울 것이다. 잘못한 행위에 대해 용서를 받는 것은 관계와 입장을 복원하기 위해서는 필수적인 일이다. 그런 상황을 위해서 "미안합니다"보다 더 적절한 말이 있어야 한다.

물론 배우자를 속였을 때 용서를 구하는 전략은 교통체증으로 사장이 주재한 회의에 늦었을 때 용서를 구하는 것과는 판이하게 달라야 한다. 다시 말해 당신이 곤란을 겪은 사건이나 상황에 따라 사용하는 전략은 다양해야 한다. 우선 잘못을 시정할 수 있는 길을 찾는 것이 가장 첫 번째로 해야 할 일이다. 그런 다음 상대로부터 용서를 구할 수 있는 방법을 찾아야 한다.

용서를 구할 때는
진지하고 특별해야 한다

용서를 구할 때 당신의 잘못이 어쩔 수 없었던 환경 때문이라면 그렇지 않은 경우보다는 훨씬 수월하게 용서받을 수 있을 것이다. 예를 들어 당신이 술에 취해서 사장에게 정도 이상의 반항을 했거나 회사 안에서 사적인 목적으로 물품을 이용한 경우는 용서받기가 쉽지 않다. 하지만 고속도로에서의 자동차 연쇄충돌이나 자동차타이어가 구멍이 나서 실수나 잘못을 했다면 당신은 쉽게 용서받을 수 있을 것이다. 이것은 이익을 취하려고 잘못을 한 것이 아니고 단지 운이 없었기 때문이라고 상대방이 생각하기 때문이다. 외부적인 상황 때문에 실수나 잘못을 저질렀다면 상대는 화를 내지도 않고 그 실수를 중요하게 생각하지도 않는다. 당신이 어쩔 수 없는 실수를 저질렀다면 망설이지 말고 빨리 상대방에게 그 사실을 알려야 한다. 이렇게 알리는 것은 당신도 일을 잘하기 위해서 노력했지만 결과가 의지와는 상관없이 나왔다는 것을 상대에게 알릴 필요가 있기 때문이다.

예를 들어보자. 교통 혼잡으로 시간이 늦었다고 말하면서 당신은 상대가 그냥 지나쳐주길 바랄 것이다. 그러나 상대방은 이 문제가 중요한 것을 알면서 왜 좀더 일찍 출발하지 않았냐고 생각할 수도 있다. 당신은 상황을 설명할 때 그런 생각까지도 예상해야 한다. 상대방의 입장까지도 고려해서 상상 밖으로 심각한 교통 혼잡이었다고, 그 상황을 보다 자세히 설명할 수 있어야 한다. 이 점을 명심하라. 사과를 할 때는 진지하고 특별해야 한다. 얼렁뚱땅 얼버무리지 말고 특별한 상황이었다는 것을 진지하게 설명해야 한다. 그것은 상대방의 분노를 감소시키는 데에 있어서 상당히 효과적이다. 가능한 한 자세하게 설명해야 한다.

대체로 이 정도면 상대방은 당신을 이해하고 용서하게 될 것이다. 하지만 보다 깐깐하고 이해의 폭이 좁은 상대는 당신이 아무리 상황을 설명해도 용서하지 않을 수도 있다. 상대방은 감정이 격해지고 배신감까지 느끼게 된다. 미안하다는 사과와 상황에 대한 설명으로 상대방의 용서를 구하기 힘들 때에는 처음의 심리상태로 돌아갈 필요가 있다.

다음의 방법들은 당신이 신속하고 완벽하게 용서를 받아내는 데에 있어서 많은 도움이 될 것이다.

진심이 아닌 것은
말하지 않는 편이 더 낫다

우선 모든 책임이 전적으로 당신 자신에게 있다고 생각하는 것이 바람직하다. 비난을 피하려고도 하지 말고 용서를 직접적으로 구하지도 말라. 이것은 오히려 상황을 악화시킬 뿐이다. 상대방은 당신이 변명을 하고 있는 것이라고 생각할 수 있다.

상대방의 자존심을 회복시키기 위해서 다른 사람이나 사물을 비난하는 것은 아무런 도움이 되지 않는다. 당신이 책임을 지겠다는 자세로 나간다면, 상황을 올바르게 정리할 수 있는 힘을 가질 수가 있다. 당신이 진정으로 책임을 지겠다는 자세를 보이면 상대방은 자신이 속지 않았다는 것과, 자존심이 상하지 않았다는 것을 알게 된다.

다음으로, 당신은 자신이 저지른 행동을 진심으로 사과해야 한다. 우리는 "미안합니다. 제가 잘못했습니다"라는 기본적인 표현을 가끔씩 잊는다. 단지 이 말만으로는 충분하지 않겠지만 용서를 받기 위한 전략의 기본이 되는 말이 이것이다. 때로는 이 말을 하기가 힘들 수도 있다. 하지만 미안하다고 말하는 것은 자존심이 상하는 말이 아니다. 오히려 그 말은 상대방으로부터 존중을 받을 수 있는 기회를 당신에게 제공할 것이다.

마지막으로, 성의 있는 인상을 주도록 노력해야 한다. 성의가 결여된 사과는 아무런 효과도 얻을 수 없다. 그것은 우선 미덥지가 못하다. 당신의 사과를 상대방이 믿지 못하면 결코 용서를 받을 수도 없다. 잘못에 대해 진정으로 미안해하지 않으면 당신은 같은 실수를 다시 저지를 수도 있다. 그러면 상대방은 더욱 고통스러워하고 슬퍼한다.

진심이 아닌 것은 말하지 않는 편이 더 낫다. 당신이 진심으로 뉘우치고 있다는 모습을 보여주면 상대방은 당신에 대한 신뢰를 되찾을 것이다.

누군가를 위해서 일할 때는 진심으로 하라.
- 지그 지글러 -

상대방에게
당신의 권리를 위임하라

가장 중요한 것은 당신의 잘못으로 생긴 모든 결과를 기꺼이 받아들이고 수용할 것을 상대방에게 알리는 일이다. 후회가 보이지 않는 사과는 연료가 없는 스포츠카와 같다. 겉으로는 그럴 듯해 보이지만 실속이 없는 것이다. 후회하는 모습을 보여주는 것이야말로 상대방에게 잃어버렸던 신뢰를 회복시켜주는 일이다. 상대방은 당신을 용서해주면서 심리적인 안정을 얻을 수 있을 것이다. 어쨌든 당신의 운명이 상대방에게 달려있다는 것을 기억해야 한다.

상대방이 마음대로 할 수 있도록 권리를 주고 당신의 운명을 결정할 수 있다는 것을 인정해라. 상대방은 당신이 취한 행동이 정당하기를 원할 것이다. 또한 인간이란 존재로서 권리 행사를 할 수 있길 원하고 자신의 가치를 존중받고 싶어 한다.

상대방에게 당신의 권리를 위임하라. 그러면 용서받는 것이 쉬워질 것이다. 그리고 '내가 잘못했다는 것을 알아. 당신은 그렇게 화를 낼 권리가 있어. 나의 잘못된 행동의 결과를 기꺼이 받아들일 거야'와 같은 말로 용서를 구해보라. 상대방의 마음이 당신을 향해 열리기 시작할 것이다.

다른 의도는 전혀 없다는 것을 상대방에게 알려라

당신의 잘못이 즐거움이나 경제적인 목적 등의 어떤 종류의 이익을 위한 것이 아니었다는 것을 상대방에게 알리는 것이 중요하다.

과거의 순간으로 돌아갈 수 있는 사람은 아무도 없다. 그러므로 그 사실은 실수이고 이익을 목적으로 하지 않았다는 것을 부연할 필요가 있다.

기억하라. 용서를 받을 수 있는 열쇠는 개인이든 직업이든 인간관계의 균형을 회복하는 것에 달려있다. 어떤 경우에는 당신이 얻은 것을 올바른 관계를 위해 버릴 필요도 있다. 당신의 행동에 외부적인 대가를 위한 어떤 이익이나 만족이 있다는 것을 절대로 인정해서는 안 된다. 당신은 "일을 하느라고 조금 피곤했다", "그 돈을 내 개인 용도로 쓰지 않았다", "난 비참했다. 그래서 죄의식으로 힘이 들었다" 등의 말을 해야 한다.

이제 시간을 가지고 기다려야 한다. 당신은 결국 용서를 받고 제자리로 돌아갈 수 있을 것이다.

당신이 직접적으로 상대방을 불쾌하게 만들었을 때 "농담이야"라고 빠르게 둘러대는 것만으로는 상처받은 상대방의 감정을 되돌릴 수 없다. 그런 실수를 한 순간 당신은 당신의 의도를 부풀려야만 한다.

잘못과 실수를
다시 반복하지 마라

중요한 것은 잘못과 실수를 다시 반복하지 않는 것이다. 당신이 일으킨 잘못이나 실수가 다시는 발생하지 않을 거라고 상대방에게 설명을 한다. 당신의 잘못으로 인해 상대방이 입은 피해는 언제든지 다시 반복될 수 있다. 당신이 특별히 주의를 기울이지 않으면 언제라도 일어날 수 있는 일이기 때문이다. 그러므로 그런 잘못을 저지르는 일이 다시는 없을 거라고 확신할 수만 있다면 상대방이 느끼는 불안은 현저하게 줄어들 것이다.

사건만을 따로 분리함으로써 상대방이 다시는 그런 일을 당하지 않아도 된다고 말해보라. 그렇게 해서 상대방의 인생을 배려하는 모습을 보여주라. 그러면 상대방은 당신의 잘못을 용서할 뿐만 아니라 당신을 신뢰하게 될 것이다.

당신의 잘못으로 피해를 입은 상대방이 늘 궁금해 하는 것 중의 하나는 당신이 왜 그런 잘못을 했는가 하는 것이다. 그러므로 당신은 '왜'라는 질문에 대답을 해야 한다.

상대방은 지금 당신의 잘못으로 인해 충격을 받고 아무 것도 이해하지 못한다. 이럴 때 왜 그런 일을 했는가를 그럴 듯하게 설명해야 한다. 당신의 행동을 이해하지 못하면 상대방은 사태를 그냥 넘기려고 하지 않을 것이다. 당신이 무성의하게 "나도 모르겠어요", "난 그렇게 생각하지 않아요"라는 식으로 간단하게 말한다면 상대방은 당신을 절대 이해하려고도, 용서하려고도 하지 않을 것이다.

당신은 이제 도전을 해야 한다. 이런 도전을 받은 사람들은 대개 기세가 약해진다. 어떻게 해야 변명하는 것 같지 않게 자신의 행위를 설명할 수 있을까? 물론 이것은 결코 쉬운 문제가 아니다.

상대방이 '왜'라고 물었을 때 당신은 '두려움과 우려' 때문에 그랬다고 대답하라. 모든 인간은 두려움이라는 것을 느낀다. 두려움은 인간을 공통적으로 이해시키는 매개이기도 하다. 그것은 중요하면서도 매우 순수한 말이다.

예를 들어보자. "일이 잘못될 것 같아서 두려웠어요", "제가 보증서에 대해 거짓말을 하면 당신이 화낼까 겁이 났어요", "당신이 그 사실을 알면 화낼까 겁이 나서 거짓말을 했어요" 당신이 이런 말들을 한다면 상대방은 당신의 처지를 동정하고 이해하려 할 것이다.

당신이 두려움을 잘 느끼고 상처받기 쉬운 존재라는 것을 드러낼수록 상대방은 권위와 자존심을 빨리 회복할 수 있다. 당신의 처지에 대한 이해와 동정이 시작되면 상대방은 자신을 조절할 수 있게 되어 적극적인 역할을 하게 된다.

잘못의 원인이 당신 자신의 두려움 때문이었다고 말하는 전략을 앞에서 설명한 다른 전략들과 적절히 결합을 하면 상대방은 이성을 되찾고 균형감을 회복하여 당신을 용서하고 이해하게 될 것이다.

7
서먹한 관계를
친구로
만드는 방법

- 먼저 당신의 태도에 문제가 있지 않다는 것을 스스로 확신하라. 상대방이 당신을 싫어할 것이라고 생각하면 해답을 도출하기가 그만큼 어려워진다.

- 당신이 진심으로 상대방을 좋아하고 감탄하고 존경한다는 것을 제3자에게 말하라. 이것은 상호 애정의 법칙을 낳게 할 것이다.

- 상대방에게 관심을 보여라. 그러면 그의 관심을 끌기 위해 하루 종일 노력하는 것보다 훨씬 빨리 상대방이 당신을 좋아하게 될 것이다.

- 공동의 아이디어와 가치관과 사고 등에 대해 말하라.

- 상대방은 당신이 자기를 어떻게 생각하느냐에 따라 당신을 좋아하고 미워할 수도 있다. 당신이 상대방을 하찮고 시시하게 느낀다고 생각하면 상대방 역시 당신을 싫어할 것이다.

제3자를
이용하라

두 사람 사이에 기본적인 소통이 이루어지면 제3자를 이용하는 것이 보다 효과적이다.

당신들 두 사람의 친구인 다른 사람에게 당신이 그를 좋아하고 존경한다는 것을 솔직하게 말해 보라. 일단 이런 정보를 제3자에게 전하고 나면 당신은 당신의 말이 상대방에게 얼마나 신속하게 전달되는가에 놀라게 될 것이다. 그 상대가 동료이든 상사이든 보조원이든 이웃이든, 그들은 모두 당신의 말이 진심이라고 믿어 의심치 않을 것이다.

제3자에게 당신이 그를 얼마나 호의적으로 생각하는가를 말해보라. 그러면 제3자는 흐뭇한 마음으로 당신의 말을 그에게 전할 것이다.

당신은 이렇게 생각할 수 있을 것이다. '내가 갈 수 없었던 이유를 그에게 직접 말하면 안 되는 이유가 있나? 왜 첩보활동처럼 제3자에게 말하라는 거지?'

당신 자신이 그에게 직접 말해서는 안 되는 이유가 실제로 두 가지 있다. 하나는 당신이 불성실하다고 그가 생각할 수 있는 위험성이 있다. 사람들은 누군가가 자신에 대해서 하는 말을 제3자에게서 전해 들었을 때 그 말을 한 상대의 진실성을 묻지 않는다. 사람들의 심리 속에는 제3자의 말을 더욱 진실이라고 생각하려는 경향이 있다. 그것은 모든 상황이나 말들이 제3자의 인식과정에서 객관적인 진실성을 획득하기 때문이다.

제3자를 통하는 것이 더 효과적인 이유는 또한 인간의 변덕스러운 성격 때문이기도 하다. 긍정적이고 온화한 마음의 소유자는 상대방이 호감을 보이면 그 자신도 똑같은 호감을 보인다. 그러나 부정적인 마음을 지닌 사람은 그와 전혀 다르게 반응한다. 그것은 아이들이 자신이 좋아하는 아이에게 심술을 부리는 것과 마찬가지이다.

당신의 마음이 당신을 보는 다른 사람들의 시선을 왜곡하는 것처럼, 그의 마음도 당신을 보는 자기 자신의 시선을 왜곡할 수 있다. 만일 그가 자신은 가치가 없고 남의 호감을 살 수 있는 매력이 없다고 생각한다면, 당신이 친절한 말을 해주어도 믿으려하지 않고 반응도 보이지 않을 것이다.

매사에 긍정적이고 성격이 밝은 사람은 자신을 좋아하는 사람을 열린 마음으로 받아들이지만 변덕이 심하고 우울한 사람들은 누군가가 자기 자신에 호감을 표시하면, '왜 이 사람은 나에게 친근하게 굴지? 그에게 무슨 잘못이 있나?'하는 생각으로 그 호감을 의심하게 된다. 그에 대한 당신의 애정을 그에게 직접적으로 말하지 않는 것은 바로 그의 이러한 의심을 피해가는 우회적인 기술이 될 수 있다.

상대방의 두려움은 대개 질투와 부러움에서 비롯된 것이다. 당신은 아주 간단한 방법으로 상대방의 부정적인 태도를 해결할 수 있다.

이쯤에서 당신은 상대방이 어떤 사람이고 무슨 일을 했는가를 생각하며 그것에 감탄하는 법을 배울 필요가 있다. 당신을 좋아하게 만들려면 당신 먼저 상대방의 좋은 점을 발견하고 그것을 존중해야 한다. 자신을 존중한다는 사실을 알게 되면 상대방은 당신을 싫어하거나 소홀하게 취급하기 힘들 것이다.

다시 한번 제3자를 통해 당신이 그를 존경한다는 사실을 알려라. 그것은 당신이 적극적으로 그와 제휴하겠다는 의사를 그에게 알리는 방법이고 그러면 그는 당신을 경쟁자가 아닌 협력자로 인식할 것이다.

친구는 제 2의 자신이다.
- 아리스토텔레스 -

겸손을
익혀라

자, 당신은 제3자를 통해 그에게 침투했다. 그러나 당신이 그와 직접 관계할 때 어떤 말을 멋지게 할 수 있을까? 남들처럼 흔히 날씨에 대해 말하는 것은 잘못된 선택이다. 그러나 정말로 그와 지속적인 관계를 갖길 원한다면 당신을 좋아하도록 만드는 가장 정통적인 방법을 사용하라. 그것은 곧 겸손이다. 이 세상에서 겸손한 사람에게 거부감을 갖는 사람은 없다.

당신이 그와 상대할 때마다 다음의 문장을 마음에 새겨두어라. 자신의 모습을 낮추면서 다른 사람에게 관심을 가져라. 그러면 당신이 관심을 끌기 위해 하루 종일 노력하는 것보다 훨씬 빨리 상대는 당신을 좋아하게 될 것이다. 그러려면 상대방이 자기 자신에 대해 끝없이 말을 하도록 하는 것이 필요하다.

이제 당신은 당신 자신에 대해서 말하지 말고 상대에게 질문만을 던져라. 그러면 그는 당신을 신뢰하면서 많은 말을 들려줄 것이다.

물론 한쪽의 일방적인 말은 대화라기보다는 독백에 가깝다. 우리는 우리를 좋아할 뿐 아니라 좋아할 수 있는 사람을 좋아한다. 당신은 상대의 말을 들으면서도 가끔 상대의 유사한 신념이나 아이디어를 당신 자신도 공유하고 있다는 것을 알려야 한다. 그러면 상대방은 당신을 더욱 가깝게 느끼고 호감을 보일 것이다.

당신은 또한 상대방이 당신을 좋아하는 근거를 마련해야 한다. 그것은 상대방이 당신에 대해 어떻게 생각하느냐의 문제가 아니라, 상대방으로 하여금 자기 자신에 대해 당신이 생각하는 것을 알게 하는 것이다.

인간관계의 역동성이 어떻든 간에 상대방이 당신과의 관계 속에서 안락하고 관대한 것을 느낀다면 당신은 진실하고 지속적인 우정을 향해 편안하게 나아갈 것이다.

역경은 누가 진정한 친구인지 가르쳐준다.
- 로이스 맥마스터 부욜 -

8
자신감을
키우는
방법

- 당분 섭취를 줄이거나 저탄수화물을 취하는 것으로 자극에 대항하는 것을 피하라.

- 미소 지으라! 미소란 실제로 당신을 더욱 편안하고 차분하게 한다는 것을 많은 연구 자료들이 말하고 있다.

- 심호흡을 하라. 신경이 예민할 때는 숨쉬기가 힘들다. 숨을 깊게 들이쉬면 중앙 신경조직이 이완되어 당신을 차분하게 해준다.

- 오랜 시간 동안의 긴장은 요가로 풀 수 있다. 중앙 신경조직은 뇌와 척수로 구성되어 있다. 신체가 편안하지 않으면 정신적으로 완전하게 편안할 수 없다.

- 심리적으로 불안하거나 극도의 긴장상태에서는 자신감이 생길 수 없다. 자신감은 침착하게 안정되어 마음과 두뇌의 평정이 이루어졌을 때에야 발휘되는 것이다.

감정은 마음에만 있는 것이 아니다

이 분야의 연구에서도 우리는 주목할 만한 것을 발견할 수 있다. 즉 감정은 단지 마음에 있는 것이 아니고 우리 몸의 모든 조직과 근육에도 있다는 것이다.

당신이 오랜 기간 감정적인 균형을 잡고 차분해지길 원한다면 요가나 스트레칭을 해보라. 근육은 감정을 담고 있다. 혹시라도 몸을 쭉 편 후에 기분이 좋아지는 것이 이상하지 않았는가? 심리학적 긴장은 신체의 긴장과 마찬가지로 느긋해진다. 중앙 신경조직은 뇌와 척수로 구성된다. 그러므로 척수가 편안하지 않은데 마음이 편안해진다는 것은 불가능한 일이다. 요가는 이것을 가능하게 돕는다. 민감하고 예민한 사람에게는 더없이 좋은 방법이다.

사람의 몸은 자주 긴장으로 뻣뻣해진다. 신체의 긴장을 풀어주는 것은 감정의 긴장을 풀어주는 과정의 시작이다. 미소에 덧붙여 심호흡을 하라. 이것을 짧은 시간이든 긴 시간이든 자주 한다는 것이 중요하다. 부정적인 감정을 없애주고 순간순간마다 당신을 놀라울 정도로 편안하게 해준다.

자신감은
신뢰와 호감을 부른다

우리의 생각에 가장 먼저 영향을 미치는 심리는 불안감이다. 우리가 누군가를 만날 때는 상반되는 이해나 입장 때문에 신경이 쓰이게 마련이다.

또한 우리는 나쁜 음식을 먹지 않으려 노력한다. 당분이 많은 음식을 먹을 때나 탄수화물을 제거할 때 우리의 몸에서는 고혈당을 통제하기 위해 아드레날린을 방출한다. 아드레날린은 자극에 반응하거나 대항하는 주요 성분으로서 당신의 불안을 가중시키고 신경 쓰이도록 만드는 주 원인이다.

배불리 식사를 하고나면 일반적으로 긴장이 풀어지고 심리적으로 평온을 가져온다. 이것은 당신의 혈당량이 안정되어서 신체가 변화를 보상하기 위한 아드레날린을 많이 방출하지 않기 때문이다.

안정을 유지하는 좋은 방법 중의 하나는 균형 있는 영양을 섭취하는 일이다. 그렇게 해야 당신의 혈당량은 안정이 되고 마음이 차분해질 수 있다.

기운이 떨어지면 당연히 피로에 젖어 생각이나 판단을 분명하게 할 수가 없다. 인간관계 역시 마찬가지이다. 상대방에게 심리적으로 상처를 받게 되면 그것을 보상받기 위해 또다른 신경을 쓰게 된다.

그 신경은 다시 당신의 심리를 자극하여 또다른 상처를 받게 만든다. 그러므로 매사에 확실한 행동을 하면서 조급한 마음으로 타인들에게 접근하지 않으면 당신은 평정을 찾고 내적균형을 유지하게 된다.

생리기능이 바뀌면 실제로 뇌의 화학반응도 바뀐다. 예를 들어 우리가 미소를 지으면 뇌의 화학작용도 훨씬 편안해진다. 그래서 행복할 때 미소를 짓게 된다. 기분이 신체 상태에 영향을 주는 동안 육체 자체는 기분을 변화시킨다.

기분과 감정상태에 영향을 주는 가장 중요한 지배적인 요소들은 다음과 같다.

미소 - 미소는 당신이 편안하다는 보편적인 증거이다. 여러 가지 연구에 따르면 미소를 짓는 행위는 당신을 차분하고 느긋하게 만든다.

심호흡 - 신경이 과민할 때는 숨쉬기가 일정하지가 않다. 규칙적으로 깊은 숨을 들이마시고 뱉기를 반복하라. 당신은 즉시 차분해져서, 생각하고 반응하고 말하는 것이 훨씬 분명하고 수월해지며 자신감이 생기게 된다.

PART Ⅱ

세상의 중심에서
성공하는 법을 익힌다

사소한 일로 삶이 고생스럽고 불안정할 때
두려움 없이 소신껏 행동할 수 있는 방법들을
정확하게 제시할 것이다.
이 전략들의 진정한 의미를 이해하고
적극적으로 실생활에 적용한다면
당신의 삶에 새로운 변화가
생기기 시작할 것이다.
그리고 세상의 중심에 당당하게 서있는
자신의 모습을 발견하게 될 것이다.

9
좋지 않은
소식을 전하는
최선의 방법

- 가혹하고 부정적 뜻이 함축된 증상의 말들을 피하라. 언어란 사고의 토 대이고 사고는 감정의 영역이다. 그러므로 올바른 말을 선택하면 상황 에 따른 상대방의 반작용을 실질적으로 감소시킬 수 있다.

- 일시적이고 고립적이고 중요하게 생각하지 않을 상황을 만들어라.

- 실제로 판명된 것보다 더욱 악화되었을 수도 있는 것을 상상하여 대조 와 비교의 법칙을 활용하라.

정보의 가치판단과
대조의 법칙

명심해야 할 중요한 것이 하나 있다. 정보가 애매모호하거나 막연한 암시라면 사람들은 어떤 반응을 해야 할지 판단할 수 없다는 것이다. 이때는 보통 다른 사람들의 지시에 따르기 마련이다. 예를 들어보자. 당신이 관중으로 가득 찬 영화관에 있는데 누군가가 "불이야!"라고 소리를 친다. 이때 어떻게 반응해야 할까? 다른 관중들을 따라야 할까? 그들이 좌석에 앉아 있으면 그대로 좌석에 앉아 있고 그들이 미친 듯이 비상구로 내달리면 당신도 그쪽으로 뛰어야 할까? 사건의 의미를 확신할 수 없을 때 우리는 정보를 제공한 세계를 눈여겨보아야 한다. 그러면 어떻게 행동하는 것이 좋은 지에 대한 대답이 나올 것이다. 모든 판단과 결정은 당신의 눈으로부터 출발한다는 것을 명심해야 한다.

심리적 기술의 한 가지인 대조의 법칙은 우리가 사물을 그 자체로 생각하고 보는 것이 아니고 다른 것들과 연관시키는 심리를 이용한다. 우리는 근본적으로 우리 자신이 처한 상황을 다른 상황과 대조하고 비교하려 한다. 즉 훨씬 나쁜 상황과 대조하면서 새로운 측면이나 더 좋은 면을 찾으려는 것이다. 예를 들면, 당신이 자동차를 갖고 카센터에 갔더니 "브레이크를 새로 갈아야 한다"고 정비공이 말한다.

당신은 비용이 들어가는 일을 당했기 때문에 기분이 나쁘다. 그러나 그가 "엔진을 고치고 변속기와 소모품들을 새로 교환해야 한다"고 했다가 한참이 지난 뒤 다시 "브레이크만 갈면 된다"라고 말한다면 당신은 '이거 대단한 행운인데!'라고 생각할 것이다. 그러므로 중요한 것은 정보 그 자체가 아니라 전후 상황이고 그 상황이 주변과 관계하는 방법이다.

전략들 중 몇 개가 함께 적용되는 사례들을 살펴보자. 비록 전적으로 상황에만 의존하고 있는 것은 아니지만 다음의 전략들은 심리적인 충격과 고통을 현저히 감소시키는 데 상당한 효과가 있는 것들이다.

어떤 의사가 자신을 찾은 환자에게 당뇨병이라는 진단을 내렸다고 하자. 당신이 환자라면 어느 의사의 말을 듣고 싶은가?

의사 A - "이런 말을 하게 되어 유감이군요. 그렇지만 당뇨병입니다. 검사 결과가 그렇습니다. 어차피 인생이란 알 수 없는 것이죠. 당신도 그 증세 때문에 다리를 절단하거나 장님이 되는 심각한 일을 만날 수 있습니다. 인생은 모두 이런 식으로 바뀔 수 있습니다. 무엇을 먹든 어떻게 하든 어쩔 수 없는 일이죠.. 진심으로 유감입니다."

의사 B - "좋군요. 혈당량이 조금 변한 것만 빼면 당신은 건강합니다. 이 정도에서 당신이 병원에 왔다는 게 기쁩니다. 잘못하면 상태가 악화될 뻔 했거든요. 운이 좋군요. 세상에 당뇨병을 앓는 사람은 수만 명이나 되지요. 더욱 기쁜 것은 이런 정도는 완벽하게 치료할 수 있다는 겁니다. 당신은 고통도 느낄 수 없을 거구요. 사실 당신은 적당할 때 병원에 왔군요. 식이요법과 운동을 조금만 하면 에너지와 활력이 넘칠 겁니다."

당신도 알겠지만 두 의사는 근본적으로 같은 정보를 전달하고 있다. 그러나 의사 B는 환자에게 충격을 주지 않으면서 뉴스를 전한다. 즉 환자가 정보를 받아들일 때 정신적으로 상황을 이해할 수 있게 하고 충격을 약화시키게 한다. 그는 부드러운 말투지만 적극적으로 전반적인 건강을 향상시킬 수 있는 분위기로 뉴스를 전달한다. 전체적인 말투는 적극적이면서도 "유감입니다" 대신에 "이 정도에서 발견할 수 있어서 기쁩니다"라는 식으로 말을 돌린다. 물론 그 환자는 조만간에 다른 세부 사항을 전달받을 필요가 있을 것이다. 하지만 일단 한 번 들은 뉴스는 그렇지 않을 때보다 충격을 덜 받으면서 더 많은 정보를 이해할 수 있게 된다.

언어는
사고의 토대이다

언어란 말을 통해서 세상을 볼 수 있도록 하기 때문에 실제로 우리의 인식을 많이 바꾸어 놓는다. 언어는 사고의 토대이고 사고는 감정의 영역이다. 그러므로 당신은 올바른 말을 선택함으로써 상황에 따른 상대방의 반작용을 실질적으로 줄일 수 있다. 그렇다면 그 '올바른 말'이란 무엇일까?

당신은 우선 가혹한 말을 삼가야 한다. 강한 부정이 함축된 단어들을 사용하지 말아야 한다. 그렇게 하면 우리가 계약서 서명을 앞두고 있을 때와 마찬가지의 자동적인 반작용을 피하고 정보가 서서히 진행되면서 내면화되도록 도와준다. 충격을 받는 과정에서 온몸에 고통이 생기면 마음도 그와 비슷한 충격을 받는다. 그러나 부드러운 언어를 통해 좀더 완화된 정보를 접하게 되면 뜻밖의 뉴스로 인한 충격을 감소시킬 수 있을 것이다.

어떤 부정적인 사건을 전할 때에는 '시간이 약이다'라는 생각을 하자. 시간이 지나면 사물을 적절한 관점으로 볼 수 있다는 말은 곧 상황이 나아질 수 있다는 의미이다. 무슨 일이든 처음 일어났을 때는 제대로 가늠을 할 수 없다. 그것은 현재이기 때문이고 모든 것이 얽혀 있는 상태이기 때문이다.

당신은 9살 난 아들이 재미로 자동차를 탔다가 경찰에게 잡혀갔다는 것을 방금 알았다고 가정하자. 당신의 마음은 크게 상할 것이다. 다시 당신의 19살 난 아들이 10년 전에 자동차를 탔던 것을 방금 알았다고 하자. 원인과 결과가 똑같은 뉴스이지만 당신은 후자의 뉴스를 듣고는 마음이 상하지는 않는다. 똑같은 일에 대한 반작용이 사뭇 다르게 나타난 것이다. 왜 그럴까? 이것은 시간의 경과에 따른 인식 때문이다. 시간이란 우리의 관점을 철저하게 변화시킬 수 있는 강력한 심리적 도구이다.

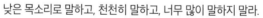

낮은 목소리로 말하고, 천천히 말하고, 너무 많이 말하지 말라.
- 존 웨인 -

10
빌려준 것을
필요할 때
받아내는 방법

- 간단하게 돈을 달라고 요구하라. 그리고 당신이 지금 그것을 돌려받아야 할 이유를 망설임 없이 설명하라.

- 당신은 상대방이 언제나 옳게 살려고 노력하는 것을 안다고 말해주어라.

- 상대방의 자존심에 호소하라. 그에게 여러 사람들이 당신의 돈을 절대로 받지 못할 거라고 말했다는 것을 알려라.

- 사람이란 자신을 좋아하는 사람들에게 호의를 갖는다는 것을 명심해라. 호의를 받은 사람에게는 물건을 돌려주려고 생각하기 마련이다.

간단하고 직접적인
표현법을 써라

우리는 돈이든 망치이든 무엇인가를 빌려준 경험을 갖고 있고 그것을 돌려달라는 말을 할 때 마음이 편안하지 않았다는 것을 기억하고 있다.

물론 그것을 돌려달라고 말하지 않아도 상대방은 그것을 돌려주어야 하고 그것이 빌려간 사람의 의무이다. 그러나 그 사람이 그렇게 하지 않을 때 빠르고도 수월하게 돌려받을 수 있는 방법이 여기에 있다.

첫 단계는 돌려달라고 지극히 단순하게 말하는 것이다. 물론 이런 방법으로 해결이 안 될 때는 보다 적극적인 기술을 이용해야 한다.

때로는 직접적인 접근이 최선일 때가 있다. 당신이 그것을 수월하게 돌려받기 위해서는 타당한 이유를 만들어야 한다는 것을 명심하라. 예를 들어보자.

"이봐, 내가 지난주에 빌려준 돈이 지금 필요하군. 내일까지 지불해야 할 일이 생겼거든. 부탁하겠네."

간단하고 직접적인 표현법이다. 우리가 사는 세상이 책임과 의무가 완전하게 이루어지는 세상이라면 이것으로 충분할 것이다. 하지만 우리는 그런 세상에서 살고 있지 않기 때문에 이것으로 충분하지 않을 경우가 종종 있다.

칭찬거리를 만들어라

직접적인 방법으로도 당신이 빌려준 것을 받지 못하면 더욱 효과적인 기술을 사용할 필요가 있다. 상대방은 물건을 돌려받고자 하는 당신의 희망을 외면하고 있기 때문에 당신은 잦은 횟수로 그가 당신의 물건을 가지고 있음을 상기시킬 필요가 있다. 이런 것에는 여러 가지 방법이 있다.

다음 전략들을 성공할 때까지 적절하게 사용해보라.

1) 당신은 상대방이 올바른 일을 하는 친절한 사람이라는 것을 안다고 개인적으로 말하라. 사실인즉 이것은 상대방에 대한 극찬의 말이다.

이런 말은 상대방의 가치와 신념의 체계를 자극하려는 방정식이다. 이제 상대방은 빌린 것을 당신에게 돌려주지 않으면 자존심에 상처를 입고 자신을 보는 모습을 재평가 받아야 하는 위험에 처한다.

당신은 이렇게 말할 수도 있다.

"알겠지만 난 당신이 언제나 올바르고 공정하려고 노력하는 것을 좋아해."

그리고 몇 시간이 지난 후에 당신의 돈을 요구하라. 그러면 그는 의식적으로든 무의식적이든 '올바르고 공정하게' 처리하려고 노력할 것이다.

2) 또다른 기술로 당신은 상대방의 자존심에 호소할 수 있다. 상대방에게 몇몇 사람들이 절대로 돈을 받지 못할 거라고 말했다는 사실을 알려라.

다시, 당신은 이렇게 말할 수 있을 것이다.

"난 그들의 말이 맞을 거라고 생각하지 않아. 우리 두 사람을 다 조롱하는 거잖아?"

이런 말은 상대방으로 하여금 주위의 모든 사람들이 다 그렇게 생각하는 것처럼 느끼게 한다. 그러므로 상대방은 자신의 손해를 줄이려 할 것이다. 이것은 그가 당신에게 돈을 갚아야 한다는 것을 의미한다.

3) 이러고도 목적을 이루지 못한다면 더욱 가혹한 수단을 취할 필요가 있다. 당신에게 상대방이 돈을 갚을 것을 의심하지 않는다는 말을 다른 사람에게 이야기했다고 알려라.

가령 이렇게 말해보라.

"나는 당신이 돈을 갚을 거라는 사실을 잘 알아. 오해하고 있는 내 주변 사람들에게 나의 생각을 다 말할 생각이야."

대부분의 사람들은 자신들의 사회적인 이미지를 지키고 싶어 한다. 그러므로 그들은 빌렸던 것을 가능한 한 빨리 돌려주려고 노력할 것이다.

11
기분 나쁘지 않게
거절하는
방법

- 거절을 할 때는(부탁을 받은 경우) "아니오"라고 분명하게 말한 직후 상대 방에게 다른 부탁을 해보라. 그가 들어주기에는 어려움이 있는 부탁을 함으로써 당신은 요구를 거절한 빚이 상쇄되는 효과를 보게 된다.

- 그의 부탁을 거절할 때 '때문에'라는 단어를 변명에 사용하라. '때문에' 라는 말은 당신의 입장에 대해 타당한 설명을 하고 상대방으로 하여금 무의식적인 승낙을 유발하도록 한다.

도움을 줄 수 없는 상황일 때
결정을 망설이거나 생각해 보겠다고 말하지 말라

우리들은 보통 서로가 상부상조를 할 때 좀더 편안한 기분이 든다. 대부분의 세일즈맨들은 당신에게 많은 시간을 투자했다고 깨달을 때쯤 물건을 보여주며 자신의 의사를 밝힌다. 이렇게 되면 당신은 정말로 원하는 것이 아니라도 그것을 사야 할 것 같은 의무감을 느끼게 된다.

이런 '상부상조'의 원리를 반대로 적용할 수도 있다. 그 방법은 다음과 같다.

당신이 어려운 부탁을 거절하고 싶을 때에는 "안돼"라고 말을 한 직후 상대방에게 다른 부탁을 하라. 이럴 경우 대개 상대방은 부탁을 들어줄 수 없거나 들어주지 않을 것이다. 그가 당신의 요구를 거절하면 당신은 빚이 없어졌다는 심리적인 안정을 느끼게 된다. 서로가 각자의 부탁을 거절했기 때문에 미안한 마음이 없어지는 것이다, 당신이 "아니오"라고 말하고 상대방도 "아니오"라고 말하는 것은 불가사의할 정도로 서로의 기분을 좋게 만든디.

예를 들어보자. 한 친구가 당신에게 전화를 걸어 자동차를 빌려달라고 부탁한다. 당신의 반응은 이렇다.

"오, 안돼. 내가 써야 하거든. 마침 전화 잘 했어. 다음 주에 집을 비우는 동안 우리 강아지를 산책시켜 줄 수 있겠어?"

이번에는 그 친구가 당신에게 사과를 하며 부탁을 들어줄 수 없는 이유를 늘어놓을 것이다. 그러고 나면 친구나 당신 자신 모두 마음이 편안해질 수 있다.

당신의 부탁을 거절한 사람들은 마찬가지로 당신에게 부탁하기가 어려워진다. 자기가 먼저 거절했기 때문에 당신에게 호의를 베풀 것을 강요하기가 거북하고 따라서 마음이 불편할 수밖에 없는 것이다.

여기에서 유의해야 할 사항이 하나 있다. 그것은 당신이 하는 부탁은 그가 도저히 들어줄 수 없는 것이어야 한다. 실현 가능한 부탁을 해서 그가 들어준다면, 당신은 그의 부탁을 들어주지 않을 수 없기 때문이다.

당신의 부탁을 상대방이 들어주기를 원할 때에는 당신이 부탁을 하는 이유를 명백하게 표현할 필요가 있다. 복사기를 사용하기 위해서 사람들 앞으로 끼어들려고 했다. 이럴 경우에는 이렇게 말해 보자.

"죄송하지만 복사기를 써도 될까요?"

이런 정도의 말로는 많은 사람들의 동의를 얻을 수 없다. 그러나 부탁의 말을 다음과 같이 바꿨을 때는 거의 모든 사람들이 동의를 한다는 것을 발견하고 당신은 매우 놀랄 것이다.

"죄송하지만 제가 지금 너무 급하기 때문인데요, 복사기를 먼저 좀 쓰면 안 될까요?"

내용의 차이는 전혀 없다. 당신은 복사를 하기 위해 복사기를 써야만 한다. 그렇지만 왜 뒤의 말이 그렇게 효과적일까? 바로 '때문에'라는 말이 있기 때문이다. 그 말은 타당한 설명을 부각시켜 무의식적인 승낙을 받도록 유발한다.

우리는 무슨 말인가를 들으면 거의가 조건반사를 한다. 문장에 의미가 있든 없든 그런 반응을 보인다는 것을 당연하게 여긴다. 그러므로 우리는 설명하는 과정을 귀찮게 생각하지 말아야 한다.

당신이 '아니오'라는 말을 하고 싶을 때는 '때문에'라는 말을 사용하여 간단하게 말하라. 그리고 그와 똑같이 부탁을 하라. 그러면 상대방의 부탁을 거절하면서도 당신은 기분이 우울해지지 않을 것이다.

거절당할 것을 미리부터 두려워하지 말라.
– 할랜드 데이비드 샌더스 –

12

나쁜 소문을
잠재우는
방법

- 소문에 책임이 있는 사람을 안다면 그에게 찾아가라. 그리고 그가 그런 일을 하고 있다는 사실을 알고 있다고 말하라.

- 소문을 전달하는 사람에게 화를 내지 말라. 소문의 배후에는 다른 조종 자가 있다는 것을 알고 있다고 그에게 말하라.

- 소문을 단순히 부인하고 방어하는 것은 오히려 사태를 더욱 악화시킨 다. 그 대신에 그것을 가릴 수 있도록 더욱 황당무계하게 퍼뜨려라. 그러 면 소문 자체가 거짓이 되어서 아무도 관심을 갖지 않게 된다.

소문을
재생산하라

모르는 사람이나 신체가 보이지 않는 사람에게 해를 끼치는 일 역시 그렇지 않은 경우보다 훨씬 쉬운 편이다. 전쟁터의 비행사가 공중에서 시민들에게 폭탄을 투여하는 것은 군인이 바로 앞의 사람에게 총을 똑바로 겨누는 것보다 심리적 압박이 훨씬 덜하다고 한다.

여러 분야의 전문가들은 고통을 주려는 사람이 보이지 않거나 멀리 있으면 기꺼이 육체적인 고통을 가할 수 있다고 말하고 있다. 실제적인 고통뿐만 아니라 욕설이나 비방 같은 거친 말도 마찬가지이다. 우리는 눈앞에 있는 상대보다는 전화기 너머의 사람에게 훨씬 수월하게 화를 내고 욕을 내뱉게 된다. 만일 전화기 속의 사람이 눈앞에 나타난다면 방금 전까지 욕을 해대던 사람은 아무런 말도 못하게 될 것이다. 이렇듯 사람에 대한 공격의 수위를 결정할 때 거리는 매우 중요한 기준이 된다.

험담이나 소문을 멈추게 하는 전략으로는 보통 세 가지를 들 수 있다.

첫째, 소문을 책임질 수 있는 근원지나 사람에게 가서 확인을 하라. 그리고 누가 장본인이고 그른 일을 시작했다는 것을 안다고 알려라.

둘째, 당신은 소문을 퍼뜨린 사람에게 친절할 필요가 있다. 그리고 소문의 배후에 다른 조정자가 있고 그가 더 나쁘다는 식으로 말하라.

셋째, 할 수만 있다면 본인이 적극적으로 개입하라. 실제로 접근하게 되면 소극적으로 방어하는 것보다 훨씬 쉽게 일을 해결할 수 있다.

당신이 근원지를 알 수 있다면 일은 한결 수월하게 처리될 수 있다. 그러나 그렇지 않을 때에는 어떻게 하는 것이 좋을까? 소문이 주변에 무성하게 떠도는데 당신은 그것이 누구에 의해 어디에서부터 시작된 것인지 모를 수도 있다. 또한 소문의 진원지를 알더라도 그 소문이 당신의 명성에 어떤 해를 끼치는지 관심을 갖지 않을 수도 있다. 하지만 무관심은 소문의 진화에 아무런 도움이 되지 않는다. 소문 때문에 피해를 입고 있을 때에는 다음과 같은 전략을 사용해보라. 아마도 놀라운 효과를 거두게 될 것이다.

소문이란 순식간에 퍼지든, 짧은 시간에 소멸되든 근본적으로 두 가지 특성을 가지고 있다.

소문이 퍼지는 이유는 사람들이 관심을 가질 만하고 그것이 그럴 듯하게 믿을 만한 소리이기 때문이다. 소문이 전부 거짓일 때에는 별 문제가 없지만 부분적으로 사실을 포함하고 있을 때에는 매우 위험하다.

완벽하게 거짓이거나 어리석은 짓을 험담하는 것은 사람의 관심을 오랫동안 끌지 못한다. 부분적인 사실을 바탕으로 하는 소문들은 사람들을 현혹시켜서 그것을 이야기하게 하고 다시 전달하게 하는 마력을 가지고 있다.

하지만 당신은 그런 면을 유리하게 이용할 수 있다. 소문을 부인하고 방어하고 축소하는 대신에 오히려 황당무계하게 확대하여 앞의 소문을 뒤덮도록 하는 것이다.

예를 들어보자. 주변에 돌고 있는 소문은 당신이 회사에서 도둑질을 했다는 것이다. 당신이 어설프게 부인을 하게 되면 죄가 있다는 것을 오히려 드러내는 일일 뿐이다. 그러므로 도둑질을 해서 훔친 돈으로 아프리카의 어느 나라를 구입했다든가 우주 왕복선의 좌석을 사는 데에 썼다는 식으로 소문을 퍼뜨려보라. 그러면 그 황당무계해진 소문은 정상적으로 믿기가 힘들어져서 그 진상을 의심하게 된다.

대부분의 사람들은 그럴 듯하지 않은 말은 거짓으로 취급하고 금방 싫증을 낸다. 그들은 이야기가 꾸며진 것 같으면 알곡을 분류하기 위해 더 이상 파헤치지 않는다. 소문의 수명은 흑과 백처럼 진실이냐 거짓이냐로 가늠되기 때문이다. 모든 소문은 물증이 빈약하기 때문에 사람들은 그것이 이치에 맞는가 안 맞는가를 따져서 관심의 정도를 결정한다. 그러므로 엉뚱할수록 이해가 가지 않고 흥미가 없어지는 것은 당연한 일이다. 소문이란 분명히 사실이 아니라고 판단될 때 사라지게 되는 것이다.

따라서 근원지를 알 수 없을 때는 소문을 부풀리는 것이 효과적인 방법이다. 황당무계한 소문을 재생산해서 기존의 소문을 뒤엎어버리는 것이다.

13

언어폭력에
맞대응하는
방법

- 상대방이 공격을 했을 때 무조건적으로 반응을 하려는 처음의 전략을 다시 생각해보라. 그에게 생긴 문제를 당신의 것으로 만들지 마라. '나', '나를'이라고 말하는 순간 당신은 상대방의 전략에 말려들게 된다. 그러면 그 문제는 당신의 문제로 확대된다.

- 그가 당신에게 무례한 언행을 하는 것은 스스로 자신의 권위와 힘을 과신하기 때문이다. 이런 경우에는 그가 당신에게 했던 것보다 더욱 심하게 화를 내면서 맞대응을 하는 것이 효과적이다.

상대방이 어떻게 나오든
신경을 쓰지 마라

사람과 사람 사이에 말은 매우 중요한 도구이다. 말은 모든 관계를 설정하고 정리하고 발전시키는 매개체이기 때문이다. 하지만 말 때문에 종종 상처를 입는 경우를 보게 되는 것도 사실이다. 살아가면서 상대방의 무례한 말 때문에 상처를 입어본 경험이 누구에게나 한 번씩은 있을 것이다.

상대방이 무례할 때 우리가 반작용을 일으키는 것은 자아를 보호하는 것이다. 이럴 때 우리는 "어떻게 감히 그런 식으로 내게 말할 수 있지?", "그건 싫어요. 그리고 전 기분이 나쁩니다", "내게 소리 지르지 마십시오"와 같이 반응한다.

하지만 그것은 그리 현명한 반응이 아니다. 당신은 이미 상대방의 말에 휘둘림을 당하고 있기 때문이다. 당신은 왜 상대방의 말이 당신의 감정을 지배하도록 놓아두는가? 화를 낸다는 것은 상대방이 당신의 감정을 지배하고 있다는 것에 다름 아니다.

"도대체 나한테 왜 이러는 거야! 그렇게 말하지 마요"라고 말하기보다는 "내가 당신을 기분 나쁘게 만든 것 같군요"라고 말하라. 그러면 그는 당신에게 저지른 자신의 잘못을 곧 인정하게 될 것이다.

한 번 더 생각하는
여유를 가져라

언행이 다소 거칠고 무례한 사람과 어쩔 수 없는 인간관계를 맺고 있다면 다음의 글을 주시할 필요가 있다.

당신이 상대방을 길들이기에 따라 그 사람도 당신을 다르게 대할 것이라는 사실이다. 당신은 그의 행동이 용납될 수 없고 올바르지 못하다고 알릴 필요가 있다. 먼저 해야 할 일은 그로 하여금 자신의 행동에 관심을 갖고 그것이 도저히 용납될 수 없는 것이라는 사실을 알게 하는 일이다.

그렇게 했는데도 불구하고 상대방이 계속 무례한 언행을 한다면 그가 그렇게 행동하는 근원적인 이유를 살펴볼 필요가 있다.

상대방이 당신을 이런 식으로 대우하는 것은 자신이 당신보다 강한 힘을 가지고 있기 때문이다. 당신은 그의 그런 생각을 교묘하게 이용할 필요가 있다. 이러한 것들은 인간관계 속에서 아주 미묘하게 드러나는 것이다. 그런 경우를 실제로 닥치게 되면 "네가 맞아, 미안해"라고 단순하게 말하라. 이런 마술적인 말은 독이 든 상대의 말을 금세 제지시킬 것이다.

위의 방법들이 효과적으로 진행되지 않을 때에는 다음과 같은 전략을 사용할 수도 있다. 그것은 상대방 보다 더욱 화를 내는 것이다.

상대방은 자신이 느꼈던 것을 당신이 알도록 소리 지를 수도 있다. 그것은 분노와 상처와 좌절 같은 것을 표현하는 것이다. 그럴 때 당신은 당신 자신도 분노와 좌절을 느꼈다는 것을 상대방이 알도록 소리를 질러야 한다. 그러면 상대는 자신이 언성을 높인 것이 무모하고 무용한 일이었다는 것을 깨닫게 될 것이다.

기습을 가하면 상대방은 더 이상 공격을 하지 않게 된다. 서로 언성을 높이고 난 뒤에는 서로의 관계에 대해 진지하게 생각하는 시간을 갖는 것이 좋다.

폭력이란 무능력자들의 마지막 피난처이다.
- 아이작 아시모프 -

14
닫혀있는
마음의 문을
열게 하는 방법

- 상대방이 모호한 대답을 했다면 대답을 유도하기 위해 더욱 특별한 질문을 하라. 일반적인 질문을 계속하면 똑같은 대답만을 들을 뿐이다.

- 상대방이 어떤 대답을 해야 할 지 확신이 없어 보일 때는 전체적인 상황 대신에 그런 특정한 상황에서의 느낌을 말하도록 유도하라.

- 상대방에게 대답을 추궁하지 말라. 상대를 이해하고 그에게 심리적인 여유를 주어라. 그러면 자발적으로 성실하게 답변을 하게 된다.

더욱 특별한
질문을 하라

상대방의 무례한 언행이나 반응 때문에 상처를 받기도 한다면 그와 반대로 상대방의 무관심과 무반응으로 상처를 입기도 한다. 그것이 바로 우리들의 인생이다.

질문을 했을 때 상대의 모호하거나 무관심한 반응 때문에 민망함을 당했던 경험이 누구에게나 한 번씩은 있을 것이다. 당신이 어렵게 대답을 받아내긴 했으나 그 속에 당신이 기대하던 유용한 정보가 없을 수도 있을 것이다.

의례적인 반응을 보이는 기술 A보다 기술 B가 얼마나 효과적인가를 살펴보자.

1A - 해설자 : "회의가 잘 진행됐다고 생각하지 않아요."

질문자 : "어째서죠?"

해설자 : "제 생각일 뿐이죠."

1B - 해설자 : "회의가 잘 됐다고 생각하지 않아요."

질문자 a : "그들이 언제 이 사항에 관심을 가질까요?"

질문자 b : "뭐 특별한 느낌을 받은 데가 있나요?"

질문자 c : "뭐 기분이 나쁘십니까? 아니면 그들이 적합하지 않나요?"

B의 경우처럼 질문이 분명하면 상대방은 대답을 해야 한다고 느끼게 된다. 애매모호한 질문을 일반적인 말로 바꾸어 물었을 때에도 더욱 많은 정보를 얻을 수 있다.

2A - 해설자 : "제가 할 수 있을지 모르겠군요."

질문자 : "무슨 의미죠? 모른다는 겁니까? 아니면 할 수 없는 겁니까?"

해설자 : "저도 잘 모르겠군요."

2B - 해설자 : "제가 할 수 있을지 모르겠군요."

질문자 a : "뭐 특별히 방해되는 것이라도 있나요?"

질문자 b : "당신이 하면 무슨 일이 일어나나요?"

질문자 c : "당신이 한다면 뭐가 바뀌나요?"

위에서처럼 때로는 상대방 자신도 많은 생각을 갖고 있지 않을 수 있다는 것이다. 그러므로 이런 질문들을 통해 당신은 상대방이 자기 자신의 생각을 더욱 많이 이해할 수 있도록 해야 한다. 그렇게 되면 더욱 분명하고 명확한 대답을 듣게 될 것이다.

상대를 배려하면서
질문을 하라

사람은 누구나 자신을 방어해야만 하는 수세적인 상황에 처하는 것을 좋아하지 않는다. 그러므로 상대방으로 하여금 자신이 지금 수세에 몰렸다는 인식을 갖게 해서는 안 된다. 자신이 지금 수세적인 상황에 몰렸다고 생각하면 상대방은 당신이 무엇을 어떻게 느끼고 있는가를 질문해도 "잘 모르겠는데요"라는 등의 무성의한 대답을 하게 된다.

이런 반응은 대화를 단절시키기 때문에 당신은 상대방의 대답을 탐색해야만 한다. 그러나 때로는 "잘 모르겠는데요"라는 말이 편리하기 때문에 별 의미 없이 그렇게 말할 수도 있다. 흔히 말하듯이 "어째서죠?"라고 말한다면 많은 사람들은 "잘 모르겠는데요"라고 대답한다. "잘 모르겠는데요"는 이 세상에서 "예 그렇습니다"와 더불어 사람들이 가장 흔히 하는 대답이다. 그러므로 당신이 상대방으로부터 "잘 모르겠는데요"라는 대답을 들었다고 하더라도 당황할 필요는 없다.

"잘 모르겠는데요"라는 대답을 들었을 때 다음의 기술을 사용해 보라. 그러면 원하는 정보를 얻을 수 있을지도 모른다.

1) "당신이 그런 식으로 생각하게 된 과정을 자세히 들어보자구요."

2) "나도 당신이 모른다는 것을 알아요. 그렇지만 왜 그렇게 생각했는지는 알 수 있겠죠?"

3) "이 부분이라면 괜찮은 이유를 말할 수 있겠죠?"

4) "과거의 일을 생각할 때 이것과 유사한 상황은 무엇입니까?"

5) "당신이 지금 당장 생각하는 것을 어떻게 해야 최고의 감각으로 표현할 수 있죠?"

6) "한 가지 이유 정도는 생각할 수 있겠죠?"

7) "당신의 생각을 가장 정확하게 표현할 수 있는 한 마디는 뭐죠?"

이런 모든 반응들 중에서 신중하게 하나를 선택해서 사용해보라. 물론 대답에는 개인의 차이가 있다는 것을 인정해야 한다. 그러므로 당신은 상대방이 쉽게 대답할 수 있는 것을 고려해서 질문해야 한다.

당신의 새로운 질문은 처음 질문에서 이끌어내지 못한 대답을 얻는데 도움이 될 것이고 두 사람의 대화는 점점 의미심장한 토론으로 발전할 것이다.

"잘 모르겠는데요"라고 대답하는 사람은 자신의 행동에 죄의식을 느끼고 있는 사람이거나 어리석은 사람이라는 것을 의미할 수도 있다.

이런 경우에는 상대방의 부담감을 덜어 줄 필요가 있다. 이런 심리적 기술은 당신이 자신을 판단하려 한다는 두려움을 상대에게 주지 않고 상대방으로 하여금 진심으로 마음 편하게 대답할 수 있도록 도와준다. 결국 상대방은 당신의 질문에 성심 성의껏 대답을 하게 될 것이다.

이것은 상대방이 자신의 언행에 자신감을 가졌기 때문에 가능한 것이다. 상대방은 잘 모르겠다는 대답을 의도적으로 한 것이 아니다. 즉 그 대답은 의식적인 동기에서 나온 것이 아니었다. 당신이 섬세하게 상대를 배려하면서 질문을 한다면 상대는 편안한 마음 상태에서 신중하고 성실하게 답변을 할 것이다.

자신에게 질문하라. 질문하는 사람은 답을 피할 수 없다.
- 카메룬 속담 -

15
불평불만을
신속하게
처리하는 방법

- 아무 말도 하지 말고 다만 듣기만 하라. 묵묵히 귀를 기울이다가 그에게
  무엇을 하고 싶은지를 물어라.

- 위의 태도를 취하면서 지속적으로 그와 편안하고 안락한 관계를 맺어라.

참견은 공격의
빌미가 된다

때때로 사람들은 자신들의 속마음을 털어놓고 싶을 때가 있다. 상대방이 그런 말을 하면 계속 놔두어라. 그렇지 않고 제지하려 들거나 참견하려 든다면 상대는 당신과 싸우려 할 것이다. 참견하지 않으면 결과적으로 말할 것이 없게 된다. 말에 끼어들면 상대는 공격할 빌미를 얻게 되어 쉽게 싸움으로 치닫는 위험이 있다.

자신이 조정 당하거나 이용당하는 것을 원하는 사람은 아무도 없다. 상대방이 화를 내는 이유의 99.9퍼센트가 바로 그런 이유에 있다. 자존심이 손상됐다고 생각했기 때문에 상대방은 화를 내는 것이다. 누군가 자신을 충분히 존경하지 않는다는 생각이 들면 그는 상처를 받는다. 상대방이 당신에게 모든 불평을 다 말하고 나면 다음의 단계를 따르라.

첫째, 상대방이 말했던 것을 그에게 다시 말하라. 그는 당신이 귀담아 들었다는 것을 알게 된다. 다음에는 "당신이 이 일을 끝내는 것만큼 중요한 것은 없지", "당신이 이런 식으로 대우를 받는 데 익숙하지 않다는 것을 잘 알아", "내가 당신이라도 화가 나겠군"과 같은 말로 그를 추켜세워라. 마지막으로 당신은 호의적으로 될 필요가 있다. 이것은 상대방의 마음을 완벽하게 누그러뜨리는 단계이다. 이렇게 귀 기울이고 동조하고 어루만지는 3단계 과정에서 상대는 자신감이 생겨 오히려 상황을 부풀릴 수도 있다. 그러나 다음처럼 한다면 그것을 제지할 수가 있다.

우선, 상대방에게 원하는 것을 말하도록 하라. 그가 원하는 것을 듣고 나면 그의 불평의 원인이 예상했던 것보다 훨씬 작은 것일 수도 있다는 것을 알게 된다. 개인 간의 관계에선 "난 행복하지 않아", "당신이 나를 미치게 만들고 있어"와 같은 모호한 표현으로 불평을 드러내곤 한다. 그런 상황에서는 그가 괴로워하고 있는 것을 가능한 한 특별하게 만드는 것이 효과적이다.

당신이 스스로에게 표현하는 방법은 다른 사람에게 대단한 영향을 끼칠 수 있다. 상대방이 감정을 표출하는 동안 당신이 팔짱을 끼고 이렇게 말했다고 하자. "언제 입을 다물 거지?" 이렇게 말하는 것은 상대와 싸우려고 머리를 앞으로 내미는 격이다. 살짝 미소를 짓거나 팔을 내리는 등의 간단한 동작들만으로도 상대방을 덜 방어적으로 만들 수 있다. 당신은 그러므로 불평을 하는 상대와 만났을 때에는 사소한 몸짓 하나 표정 하나도 신중하게 해야 한다.

불평을 하는 상대를 가장 효과적으로 위로하는 방법은 물론 그와 지속적인 인간관계를 맺는 것이다. 사람은 누구나 오랫동안 관계를 하면서 익숙해진 상대에게 보다 솔직한 마음을 터놓고 싶어 한다. 관계가 지속될수록 신뢰가 쌓이게 되고 결국 관계를 맺고 있는 당사자들은 서로 간에 심리적 교량을 쌓으려고 한다. 그렇게 되면 대화는 더욱 적극적이 되고 당신의 말은 상대방에게 더욱 설득력을 얻을 수 있을 것이다.

관계를 맺고 다지기 위한 강력한 비결 몇 가지가 여기에 있다.

자세와 동작 일치시키기 - 그가 주머니에 손을 넣으면 당신도 그렇게 하라. 손으로 어떤 동작을 취하면 당신도 잠시 후에 같은 동작을 취하라.

말투 일치시키기 - 그와 말의 속도를 일치시키도록 노력하라. 말이 느리고 부드러우면 당신도 똑같이 하라. 그가 빨리 말하면 당신도 빨리 말하라.

상투어 일치시키기 - 그가 특정한 단어나 말을 사용한다면 당신도 그런 말을 하라. 예를 들어보자. 만일 그가 "내가 그렇게 취급을 받으니까 불편했어요"라고 말했다고 하자. 그러면 당신도 조금 후의 대화에서 "그런 식으로 대우를 받았다면 당신이 불편했을 거라는 것을 짐작하겠어요"라고 말하라. 하지만 그를 흉내 내는 것처럼 보여서는 안 된다. 다른 사람의 동작을 따라한다는 것은 생산적이지 못하기 때문이다. 행동이나 말의 스타일을 따라할 때에는 특정한 것을 정도에 맞게 해야 한다.

위에서 말한 것들은 사소한 것처럼 보이지만 사실은 당신을 위한 매우 강력한 기술이 될 수 있다. 그렇게 하면 당신에게 많은 이익이 될 것이다.

16
질투심을
현명하게
잠재우는 방법

- 사람은 주체성의 기반을 위협받을 때 질투심을 느낀다. 이때 자신의 존재 혹은 자존심을 내세우는 것만이 해결책은 아니다.

- 당신은 그가 갖고 있지 못하고 다른 사람들이 소유한 그 무엇에 대해서 하찮게 생각해야 한다. 그의 질투심은 자신이 갖고 있지 않은 것을 타인이 가졌다는 것의 부러움에서부터 생기는 것이기 때문이다.

질투는 인간관계의 균형이 무너질 때 발생한다는 사실을 잊지 마라

어떤 여자에게 남자친구 A와 B가 있다고 가정하자. 그 여자의 남자친구 A는 돈이 많지만 B는 그렇지 못하다. 하지만 B는 훌륭한 외모를 가지고 있고 머리가 좋으며 열심히 일을 한다. 또한 B는 돈을 매우 의미 있게 생각하는 사람이다. 그러므로 남자 친구 B가 돈에 가치가 있다고 생각하는 한, 그 여자의 돈 많은 남자 친구 A가 자기 자신보다 더욱 가치 있고 우월하다고 여길 것이다. 이럴 때 그 여자는 남자친구 B의 자존심을 위해 전형적인 전략으로 그를 추켜세울 수 있다. 그녀는 B에게 외모가 대단히 훌륭하고 머리가 똑똑하여 소중하게 생각한다고 말할 것이다. 그렇지만 곧 그런 말들이 그다지 효과가 없다는 것도 알게 될 것이다. 그 여자가 남자친구 B에게 돈 많은 A보다 그를 더 사랑하고, A보다 그가 더욱 잘 생겼으며 현명하다고 말한다고 해서 B의 질투심을 줄이지는 못할 것이기 때문이다.

남자친구 B의 질투심을 없애기 위해서 그녀는 B에게 이렇게 말해야 한다.

"난 A의 재산에 대해서는 전혀 관심이 없어. 그건 나에게 별로 중요하지가 않아."

여자로부터 이 말을 듣는 순간 B의 질투심은 금방 사라지게 된다.

그 여자는 남자친구 B가 갖고 있지 않은 타인의 것을 하찮게 여긴다는 것을 보여줌으로써 즉각적으로 그의 질투심을 잠재워버렸다.

그녀의 남자친구 B는 돈에 가치를 두는 사람이었다. 그러므로 돈이 많은 A에게 열등감을 가지고 그를 질투했다. 그는 자신의 여자친구도 자신과 똑같이 그 친구를 인식한다고 추측하고 있었다. B의 질투는 자신이 가지고 있지 못한 것을 갖고 있는 A를 정말로 부러워하는 데서 생긴 것이다.

질투에 가득 차 있을 때 돈에 대한 남자친구 B의 관점은 전체적인 관점으로 확산된다. 그 여자는 돈이 중요하지 않은 이유를 이성적으로 간단하게 설명하는 것만으로 그의 질투심을 누그러뜨릴 수 있다.

예를 들면 이렇게 말할 수 있다.

"남자의 진정한 척도는 얼마나 많은 돈을 갖고 있느냐가 아녜요. 다만 그 사람 자체지요. 내가 당신을 좋아하는 동안 돈을 과시하는 사람들은 자신들의 모자라는 부분을 보상받으려 하지요. 이것은 부적절한 거예요. 나는 당신을 좋아해요. 돈 많은 그 친구에게는 그다지 호감이 가지 않아요."

이런 말을 들은 후에 B는 자신의 여자친구가 남자친구 A와 함께 어울리는 것에 더 이상 마음을 쓰지 않는다. 이제 그는 돈으로부터 위협을 받지 않기 때문이다. 설혹 그렇다 하더라도 그는 돈에 대해 안정적인 관점을 가지게 된다. A가 돈으로 자신의 여자친구를 끌어당길 수 없다는 것을 믿기 때문이다.

당신도 그 여자와 같은 전략을 사용하게 되면 쉽게 일이 해결될 것이다. 물론 그것을 직설적으로 말하면 부작용이 일어날 수도 있다. 직설적으로 말하면 매우 부자연스럽게 느껴지고 자칫 잘못하면 자존심에 상처를 입을 수도 있기 때문이다. 우연을 가장한 접근이 보다 효과적이다. 당신이 느끼는 것을 자연스럽게 그에게 알리는 것이 중요하다.

당신이 어떤 사람이나 대상에게 정신없이 질투를 하는 사람과 관계를 맺고 있다면 태도를 지금까지와는 다소 다르게 취할 필요가 있다. 이런 사람의 질투는 심각한 마음의 불안이 원인이기 때문에 그는 당신이 어떤 말을 하고 어떤 행동을 해도 그것을 받아들이려 하지 않는다.

이런 사람을 안정시킬 수 있는 심리적 전략은 일시적으로 그를 질투하는 것이다. 그는 인간관계가 불공평하고 불균형하다고 생각하기 때문에 자기 자신보다 더 유리한 조건에 있는 다른 사람을 무조건적으로 질투하게 된다.

그러므로 당신이 반대로 그가 가지고 있는 모든 것을 질투하고 그 사실을 그에게 알리면 그의 마음은 극단적으로 변하게 된다.

17
삶의 양식이 될
충고를
구하는 방법

- 마음을 열고 귀를 기울여라. 그러나 듣고 싶은 것을 미리 예정하거나 기대하지는 말라.

- 당신을 너무나 잘 알고 있는 사람, 당신이나 당신의 상황에 질투를 하거나 부러워하는 사람에게는 충고를 청하지 말라.

- 충고 보다는 그 충고의 결과에 보다 많은 관심을 기울이는 사람은 누가 되었건 충고를 청하지 말라.

- 가능한 한 많은 사람으로부터 충고를 구하라. 충고가 많을수록 당신의 선택은 신중해질 것이다.

충고를 받고 싶다면
먼저 당신의 마음을 열어라

인간관계에서 충고는 참 많지만 그 중에서 자신에게 정말 중요하고 도움이 되는 충고는 흔치 않다. 그것은 충고 자체가 빈약하고 불순할 수도 있고 충고를 받아들이는 사람의 마음 자세에 문제가 있기 때문일 수 있다. 충고에는 어쩔 수 없이 사람의 주관적인 감정이 개입되기 때문이다.

사람들은 자신의 생각을 확인받고 싶을 때 충고를 구한다. 하지만 정작 충고를 받아들일 준비는 하지 않는 경우가 많다, 충고를 받고 싶다면 먼저 당신의 마음을 열어야 한다. 당신이 신뢰할 수 있는 사람에게서 받은 훌륭한 충고는 대단히 소중하다. 문제는 그런 훌륭한 충고를 우리가 항상 올바른 방법으로만 받아들이지는 못한다는 것이다.

마음에 새겨야 할 첫 번째는 곁에 있는 사람들에게 충고를 구할 때 조심스럽게 비유적으로 말해야 한다는 것이다. 당신이 만일 대학을 졸업해서 보잘 것 없는 직업을 가졌다고 가정할 때, 학업을 계속하는 것이 어떠하겠냐는 가난한 동료의 충고를 어떻게 받아들이겠는가? 그 충고를 질투와 부러움으로 받아들여 진지하고 신중하게 따져보려 하지 않을 것이다. 사실 가까운 동료의 충고는 서로를 너무나 잘 알고 있기 때문에 받아들이는데 장애가 되는 경우가 많다.

충고를 받아들일
마음의 준비가 필요하다

이해관계가 있거나 주관적인 위치에 놓인 사람들에게는 충고를 구하지 말아야 한다. 객관적인 사람의 신중한 충고는 당신이 귀하게 받아들일 수 있을 것이다.

많은 사람들은 친구와 가족에게 충고를 구한다. 그러나 이런 사람들은 대개 결과 그 자체에 관심을 갖기 때문에 그들의 충고는 말 그대로 조언이라기보다는 당부이거나 부탁이 되기 쉽다. 그들의 판단은 어쩔 수 없이 주관적인 감정과 연결된 것이고 성급하게 결론이나 결과만을 예상하려들기 때문에 훌륭한 충고가 되기는 어렵다.

우리가 좋은 충고를 받아들이기 힘든 이유는 언제나 진심으로 최선의 관심을 보이는 사람을 찾기 힘들기 때문이다. 그런 사람은 어떤 경우라도 당신의 상황에 대해 질투를 하지 않고 비웃지도 않으며 어떤 문제라도 당신을 위해 최선을 다할 줄 아는 사람일 것이다. 그런데 그런 사람이 과연 당신의 주변에 몇 명쯤이나 있겠는가?

만약 그런 사람이 당신 주변에 있다면 당신은 매우 큰 행운을 타고 난 것이다. 당신은 언제나 몇 번이라도 그로부터 원하는 충고를 들을 수 있을 것이기 때문이다.

물론 충고는 여러 사람에게 가능한 한 많이 듣는 것이 좋다. 더 많은 사람들의 충고를 참고하면 참고할수록 당신의 결정은 더욱 신중해지기 때문이다. 제각기 다른 사람들의 생각과 사고의 결함은 당신이 훌륭한 결정을 하는데 큰 도움을 줄 것이다.

충고를 구하는 외형적인 방법은 크게 어려울 것이 없다. "이 문제에 대해 당신의 충고를 듣고 싶군요"라고 간단하게 말하기만 하면 상대방은 자신이 오랜 시간 갈고 닦은 인생의 지혜를 당신에게 보여줄 것이다. 중요한 것은 앞에서도 말한 것처럼 그 충고를 받아들일 수 있는 충분한 마음의 준비를 하는 것이다. 이 점을 잊지 말아라.

당신이 옳고 그른 것에 대한 올바른 판단을 할 수 있을 때에는 다른 사람에게서 아무런 정보를 원하지 않는다. 그러나 당신은 때때로 무엇이 옳고 그른지 혼란을 겪을 수도 있다. 이럴 때 경험이 풍부한 사람으로부터의 충고는 매우 중요한 도움이 될 것이다.

양질의 충고를 얻기 위해서는 우선 그럴만한 충고를 해줄 수 있는 현명한 사람을 찾아야 한다. 그 사람은 경험을 통해 혼돈 속에 빠진 당신을 효과적으로 안내할 수 있다. 당신을 위한 최선의 충고는 그 분야의 경험을 이성적으로 조직하고 정리해 놓을 줄 아는 현명한 사람의 충고이다. 올바른 결정을 해야 할 기회가 오직 한 번뿐일 수도 있다. 그러므로 당신은 당신에게 꼭 필요한 충고를 해줄 수 있는 사람을 찾아놓을 필요가 있다.

상대방이 충고를 하기 전에 당신이 신경을 써야 할 것은 그의 말에 철저히 귀 기울일 수 있어야 한다는 것이다.

18
불쾌감을
주지 않고
비판하는 방법

- 비판을 하기에 최적의 시간은 당신이 사건과 멀리 떨어져 있거나 관련 이 없을 때이다.

- 사건과 비판 사이에는 시간의 간격을 두어라.

- 관심이 있기 때문에 이것을 말하는 것이라고 상대방에게 알려라.

- 언제나 사석에서 비판하라.

- 할 수만 있다면 책임을 함께 분담하라.

- 해결책을 제공하라.

- 그가 혼자가 아니라는 것을 알려라.

해답 없는 비판은 금물이다

이런 전반적인 전략에서 일반적으로 가장 중요한 부분은 비판을 하는 알맞은 시간이다. 비판을 하기에 최적의 시간은 당신이 그 사건과 직접적인 관계가 없을 때이다.

예를 들어보자. 당신이 연인과 어떻게 하면 사랑의 기술을 개발시킬 수 있는가를 말하고자 한다. 그럴 때에는 섹스를 한 후 5분도 지나지 않아서 그런 말을 해서는 안 된다. 즉 처해진 상황에서 벗어난 뒤 며칠이 지났을 때가 알맞은 시간인 것이다.

사건과 비판 사이에 여유 있는 시간을 갖는다는 것과 상황에서 벗어나는 것은 대단히 중요하다. 며칠을 기다리면 그의 자존심은 그런 상황과 덜 연관되어지게 되고, 당신의 비판에도 덜 민감해질 수 있다.

하지만 당신의 비판이 시간과 사건에 근접했을 경우, 그러면 그럴수록 그는 자신의 행동과 연관지어서 방어를 하려고 들 것이다.

다음에 제시하는 여덟 가지 심리적 요소들은 비판을 할 때 상대방의 저항이나 방어를 유발하지 않으면서 당신의 객관적인 목소리를 자유롭게 낼 수 있도록 도와줄 것이다.

1) 하고 있는 일을 방해하려는 것이 아니고 당신에게 관심이 있고

당신과 보다 바람직한 인간관계를 맺고 있기 때문에 비판하려는 것이라는 것을 그에게 알려라.

2) 언제나 사석에서 비평하라. 그 일이 대단한 것이 아니라고 생각한다면 은밀한 곳에서 말하는 것이 최선이다.

3) 비판을 시작할 때에는 먼저 칭찬으로 말문을 열어라. 예를 들어보자. "당신은 내가 만난 사람 중에 가장 최고의 연인이에요. 비록 아쉬운 부분이 있지만 말이에요."

4) 사람 자체를 비판하지 말고 행동을 비판하라. "당신은 왜 늘 그래요?"라고 하지 말고 "당신은 대단해요. 그렇지만 어떤 일을 할 때에는 좀 서운해요"라고 말하자.

5) 그가 고의적으로나 의식적으로나 일부러 그런 일을 했다고 가정하거나 판정하지 말라. 부주의했거나 무의식적으로 그런 행동을 했을 거라는 식으로 접근하는 것이 그의 자존심을 존중하는 방법이다.

6) 할 수 있다면 책임을 분담하라. 그렇다고 비난을 함께 나누라는 것은 아니다. 이런 심리적인 전략은 당신이 비판하는 것은 사람이 아니라 사건이라는 것을 말하는 것이다. 즉 당신은 이렇게 말할 수 있다.

"우리가 이런 것을 이런 식으로 다루었더라면 보다 특별했을 텐데…."

이런 말은 "당신이 이런 일을 해서 싫어"라고 말하는 것보다 훨씬 효과적이다.

7) 해결책을 제시하라. 해답이 없다면 비판 자체를 시작하지 말라. 비판 자체가 목석일 수 없기 때문이다. 해결책을 제시하지 않는다면 당신이 무슨 말을 하더라도 그는 충고를 받아들이려 하지 않는다.

8) 비판을 할 때는 그 대상이 그 사람 혼자가 아니라는 것을 말하라. 그러면 대단히 효과적이다. 그가 무엇을 했고 무엇을 하지 않았는가를 직접적으로 전달하는 것은 그의 자아가 받는 충격을 부풀리는 격이다.

다른 그룹과 엮어서 두루뭉실하게 비판하라. 그러면 비판을 받는 상대방 또한 심리적으로 안정을 찾을 수 있다. 우리는 개인에 관한 비판을 심리적으로 두려워하기 때문이다.

남에게 손가락질한 행동을 네가 해서는 안 된다.
- 탈레스 -

19
불필요한
논쟁에서
빠져나오는 방법

- 절대로 방어하지 말라. 당신이 자신을 방어하려고 노력하는 순간 지는 것이다.

- 상대방의 전제를 당연하게 받아들이지 말라. 그렇지 않으면 당신은 불리한 위치에서 논쟁을 시작하게 된다. 상대방에게 왜 그런 말을 하는지를 설명하도록 요구하라.

- 상대의 질문을 못 알아들은 것처럼 다시 되물어라. 그러면 상대방은 다시 질문을 할 것이고 그 과정에서 자신의 질문이 잘못되었다는 것을 스스로 깨닫게 된다.

- 막연한 질문에 자극을 받아서 반응하지 말라. 그러면 당신은 결코 이길 수 없다. 질문을 바꾸거나 범위를 좁혀라. 그러면 상대방의 말에 대답하는 것이 훨씬 쉬워진다.

- 미리 상대방의 질문의 의도를 넘겨짚어서 대답하라. 그러면 상대방은 자신의 질문에 대해서 다시 생각하게 되고 결국 질문의 내용을 번복하게 된다.

논쟁의 쟁점을
돌려라

당신이 논쟁을 잘하지 못한다는 것은 당신 자신의 입장이 그만큼 불명확하다는 것과 같은 말이다. 그렇다면 당신의 인생이 그처럼 모호하고 불투명한 것일까? 물론 그렇지 않을 것이다. 당신에게는 나름대로의 삶의 원칙과 철학과 규율이 있다.

우선 상대방으로부터 요구받은 질문이 마음에 들지 않을 때에는 아예 대답을 하지 마라. 그리고 못 알아들은 척하라. "무슨 말이죠?", "정확히 무슨 의미죠?"와 같이 간단하게 대꾸하라. 이것은 상대방이 질문을 다시 한번 반복하도록 강요하는 것이고 자신의 악의적인 의도를 부끄럽게 여기도록 한다.

악의적인 질문을 하는 사람들은 자신들의 질문이 적절치 못하다는 것을 너무나 잘 알고 있다. 따라서 그들의 질문을 못 알아들은 척해서 두세 번씩 질문을 하게 하면 그들은 자신들의 의도를 부끄럽게 생각하고 자세를 바꿀 것이다.

당신은 단지 아무런 대답을 할 필요 없이 상대방의 질문을 되물으면 되는 것이다. 이것으로 승부는 손쉽게 끝난다. 만약 상대방이 다시 질문을 하게 되더라도 당황하지 말라. 당신은 상대의 질문이 무엇인지 명확히 말해달라고 요구하라.

절대로 자신을
방어하지 말라

상대방이 논쟁이나 언쟁이나 열변을 토할 때 가장 주의할 규칙은 '절대로 자신을 방어하지 말라'이다. 당신이 미리 비난받을 것을 두려워하여 스스로를 방어하기 시작하면 그 논쟁에서는 질 수밖에 없다.

당신은 어쨌든 그 논쟁의 최후의 승리자가 되어야 한다. 당신이 스스로를 변호하기 시작하면 상대방은 더욱더 자극적이고 충동적인 말을 사용하게 된다.

불행하게도 우리의 대부분은 본능적으로 논쟁이 벌어질 때 자기 자신을 변호하는 것에 가장 주안점을 둔다. 하지만 그것은 잘못된 전략이다. 입장을 바꾸어 상대방이 자신을 변호하는 것에 급급하다면 당신은 기세가 올라서 더욱더 거세게 그를 몰아칠 것이 분명하다. 그러면서 말싸움의 악순환이 되풀이되는 것이다.

우리가 저지르는 실수 중의 또다른 하나는 어떤 순간에 상대방의 전제와 논리를 용납하는 것이다. 예를 들어 상대방이 당신에게 이렇게 말을 했다고 가정하자.

"당신은 예쁘지 않군요. 당신 자신을 좀더 가꾸셔야겠어요."

대화의 처음 시작은 당신이 예쁘지 않다는 것이다. 이것은 매우 주관적인 가치 판단을 담고 있는 것으로서 어떤 논리적인 대화를 시작할 적당한 전제로는 매우 부적절한 것이다. 하지만 당신은 아마도 이렇게 대답할 것이다.

"저, 밤을 샜기 때문이야."

그러면 그가 말한다.

"왜 밤을 샜지? 일이 끝나지 않았나?"

이미 여기까지 왔을 때 당신은 이미 소모적인 논쟁에 빠져들고 자신을 방어하느라 급급하게 된다. 따라서 논리성이 결여된 주관적인 명제에는 아예 처음부터 관심을 기울이지 않는 전략이 효과적이다.

논쟁에 있어서 당신의 목적은 방어가 아니다. 논쟁에 참여한 이상 당신은 계속적인 공격을 할 필요가 있다. 계속적인 공격은 상대방의 특별한 저항을 받지 않고 자신을 방어할 수 있게 한다.

당신이 공격적인 질문을 할 때 상대방은 다음과 같은 두 가지 반응을 보일 수 있다. 그것은 "잘 모르겠는데요"이거나 "저, 당신이 그런 질문을 하는 의도를 모르겠군요. 어떻게 하면 제가 알 수 있죠?"이다.

그럴 때 당신은 반드시 당신의 의도나 이야기의 목적을 거침없이 말해야 한다. 그러면 당신의 불완전함을 예상했던 상대방은 당황하게 된다. 당신이 뚜렷한 목적과 동기로 무장되어 있다는 것을 알게 되었기 때문이다.

뚜렷한 목적의식이 바탕이 되는 지속적인 공격이야말로 논쟁에서는 필승의 전략이다. 논쟁에서는 거의 대부분이 논쟁에 대한 준비를 많이 한 사람이 이기게 되어 있다.

질문의 범위를
좁혀라

논쟁에서 또 한 가지 중요한 것은 당신이 논쟁 자체를 회피하려한다는 것을 상대방에게 드러내지 않는 것이다. 당신이 논쟁을 회피하려 한다는 것을 상대방이 눈치 채면 그는 더욱더 적극적으로 당신을 공략해 들어올 것이다.

다음에 소개되는 기술은 어떤 시비도 없이 논쟁의 초점을 다른 방향으로 바꾸고 더욱 진지하고 유용한 대화를 이끌어나가는 데 도움이 될 것이다.

대답하기 힘든 질문을 받았을 때는 미리 질문의 의도를 넘겨짚어 보라. 가령 당신이 회사의 상사로부터 이런 질문을 받았다고 가정하자.

"당신은 매사에 불평이 많고 회사 일에도 재미를 느끼지 못하는 것 같은데?"

그럴 때 당신은 이렇게 대답하라.

"제가 회사에서 떠나기를 원하시는 건가요?"

그러면 상대방은 질문의 의도가 왜곡됐거나 확대되었다고 생각한 나머지 당황하게 된다. 그리고 자신의 질문을 취소하거나 그것의 의미를 축소하는 데 열중하게 된다.

당신은 느긋하게 그가 스스로 자신의 말을 번복하는 것을 바라보면 된다. 막연한 질문에 늘 현명하게 대답하기란 사실상 불가능하다. 하지만 재치 있는 대답을 하면 분명히 상대방은 자신의 질문을 부끄러워하거나 수정하게 될 것이다.

또다른 사례를 보도록 하자. 당신은 이런 질문을 받을 수 있을 것이다.

"어떻게 당신은 그런 식으로 무자비하게 강요를 할 수가 있지요?"

당신은 이렇게 반응하라.

"당신이 옳다는 것을 인정해요. 당신이 그런 말을 하는 것을 보니 내가 무자비한 것을 당신도 원하지 않는 것 같군요."

그러면 상대방은 사신의 질문이 혹시 정도를 벗어나지 않았는가를 생각하게 되고 당신에게 훨씬 더 상냥하고 조심스럽게 대할 것이다.

20
가탈스런 아이를
지혜롭게
돌보는 방법

- 아이들의 행동에 문제가 있는 것은 심리적인 요인 때문이라기보다는 신체적인 요인 때문인 경우가 더 많다.

- 카페인을 포함한 음식이나 과도한 설탕이 아이들에게 심각한 신체적 불균형을 야기한다는 사실을 꼭 기억하라.

- 아이들의 개별적인 특성을 반드시 파악하라.

- 아이들에게 인생에서 일어나는 일들을 스스로 조절할 수 있다는 느낌을 갖게 하라.

- 아이들이 자신의 일을 스스로 조절할 수 있다는 것을 알게 되면 더욱 즐겁게 협조를 하려고 한다. 한 번 협조가 시작되면 그 이후의 협조는 훨씬 수월해진다.

- 아이들을 설득시킬 때는 논리적인 근거보다는 감정을 바탕으로 하는 어법을 사용하라.

- 아이가 하는 행동으로 말미암아 자신이 받게 될 불이익을 설명해주어라.

아이들에게 너무 많은 자유를 허락하지 마라

아무리 효과적인 양육방법도 아이의 특성상 제대로 받아들이지 못하는 것이라면 아무런 소용이 없다.

당신은 아이들의 행동과 신체적인 특성을 결정하는 식이요법의 힘을 절대로 과소평가해서는 안 된다. 이런 기본 하에서 실제적인 전략들이 적용될 수 있다.

어떻게 하면 아이들이 당신의 말에 귀를 기울이게 할 수 있을까? 잠자리에 들 때나 옷을 입을 때 어떻게 하면 애를 태우지 않고 아이들을 다룰 수 있을까?

그 방법은 의외로 간단하다. 아이에게 기회를 주라는 것이다. 아이에게 너의 협력을 필요로 한다는 암시를 주어서 스스로 행동을 하도록 만드는 것이다.

예를 들어 아이에게 "점심을 먹기 위해 식탁에 앉을래?"라고 말하는 대신 "의자에 앉아서 TV를 볼래? 아니면 식탁에서 창밖을 볼래?"라고 말해보라.

당신이 아이에게 그렇게 하는 일이 어려운 일이 아니라는 사실을 일깨워 주면 아이는 당신의 요청에 기꺼이 협조를 하려고 한다. 스스로 어떤 행위를 한 번 하게 되면 아이는 계속해서 혼자 하려고 노력할 것이다. 이런 전략은 물론 아이들뿐만이 아니라 성인들에게도 유효한 것이다.

성인들과 마찬가지로 아이들 역시 자신들의 삶을 어느 정도는 조절할 수 있다고 믿을 필요가 있다. 그런 믿음을 가질 수 없다면 아이들의 모든 행동은 결국 그 아이 보호자의 책임이 된다. 아이들은 자립하지 못하고 사소한 것 하나 하나를 모두 보호자에게 의지하려 들 것이다. 그것은 아이들 스스로가 할 수 있는 모든 일의 가능성을 원천봉쇄하는 것이다.

그것은 어느 날 갑자기 아이가 자신의 주체성을 발견했을 때 파괴적인 행동과 심리적인 문제들을 일으킬 수 있는 원인이 된다.

물론 아이들을 그냥 방치하라는 이야기는 아니다. 자신의 삶을 조절할 수 있는 범위를 책정하고 그 믿음을 생활 속에서 점진적으로 실천하는 것이 중요하다는 이야기이다.

아이들에게 너무 많은 자유를 허락하면 아이는 판단력과 실천력 모두를 상실하거나 잘못 정의하게 된다. 때문에 아이들이 자신들의 주체성과 자유를 찾을 때까지는 계속해서 통제를 할 필요가 있다.

아이를 다루는 데 있어서 또 한 가지 주의해야 할 것은 아이들을 논리적으로 설득하려들지 말라는 것이다.

당신은 어떻게 하면 아이를 위해 최선을 다할 수 있을까를 고민할 것이다. 하지만 이 고민이 지나치면 아이를 논리적으로 설득하려 하고 객관적인 이유를 들어 명령을 내릴 수가 있다. 이런 전략은 득보다는 해가 많다.

예를 들어보자. 양치질을 하는 것을 몹시 싫어하는 한 아이가 있다고 가정하자. 아이에 대한 사랑이 지나친 아이의 보호자는 그 아이의 충치를 걱정하면서 이렇게 말할 것이다.

"양치질을 하지 않으면 충치가 생기고 그러면 이를 빼야 할지도 몰라."

물론 이런 논리적인 말이 효과를 볼 수도 있을 것이다. 하지만 다음과 같이 말하는 것이 아이에게 더 설득력이 있을 것이다.

"양치질을 하면 충치도 없어지고 그러면 네가 좋아하는 과자와 아이스크림을 맛있게 먹을 수가 있어."

그 아이는 비록 충치에 대한 성확한 정의는 잘 모르지만 맛있는 음식을 먹을 수 있다는 제안에 보호자의 말을 확실히 받아들일 것이다.

21
폭력의
위기로부터
벗어나는 방법

- 자신을 방어하려면 처음부터 단호하게 저항하라.

- 공격자를 진정시켜라. 그리고 공격하지 못하도록 차분하게 설득하라.

- 당신이 집에 있다면 얼마 안 있어 사람이 올 거라고 말하라. 공공장소에 있다면 소리를 지르거나 비명을 질러라. 그런 식으로 상대가 두려움을 느끼게 하라.

- 최후의 순간에는 육체적인 방어를 하라. 그의 취약한 부위를 골라서 공격을 하라.

- 그의 화를 가라앉히기 위해서는 그의 '권위와 힘'을 인정하는 것이 좋다. 그리고 단순하게 이렇게 말하라. "당신이 맞아, 내가 미안해."

- 상대방 보다 당신이 더욱 화를 내면 육체적인 힘의 과시로 이익을 얻겠다는 그의 무의식을 누그러지게 할 수 있다.

- 사람들은 광적으로 보이는 사람들과 맞서는 것을 극히 꺼려하는 경향이 있다. 그러므로 미치광이의 흉내를 내며 돌발적인 행동을 하라.

- 아무런 대책이 없을 때는 먼저 그를 공격하라. 단, 짧고 강하게 해야 한다.

육체적인 공격에 노출되었을 때

당신이 무술의 고수이거나 올림픽 태권도 금메달리스트가 아닌 이상 언제든지 육체적인 폭력의 위기에 직면할 수 있다. 여기에서 소개되는 전략들은 육체적인 폭력의 위기에 직면한 당신을 효과적으로 구해줄 것이다.

당신의 유일한 목적은 상처와 같은 피해를 입지 않고 그런 상황을 벗어나는 것이다. 멍든 얼굴보다는 멍든 자아를 포기하는 편이 더욱 현명하다.

우선, 그냥 모르는 척 지나쳐라. 물론 이 경우는 당신에게 폭력을 가하려는 상대를 당신이 알지 못하는 경우이다. 많은 사람들이 무기를 소지하고 다니는 시대에 당신은 특별히 주의를 기울일 필요가 있다.

상대방이 당신에게 가까이 다가오거나 앞을 막거나 부딪친다면 그냥 그대로 지나치는 것이 좋다. 그가 싸움을 걸려고 고의로 그러는 것일까, 아니면 우연히 지나치다가 부딪친 것일까? 그는 당신의 인상이 마음에 들지 않아서 그럴 수도 있고 당신 보다 훨씬 크고 강하다는 것을 과시하고 싶어서 그러는 것일 수도 있다. 아니면 자신의 모습을 당신이나 다른 누구에게 보이려고 그러는 것인지도 모른다.

분명한 것은 아무것도 없다. 그러므로 섣불리 나서지 마라. 당신은 판단하는 것을 유보해야 한다. 가장 중요한 것은 그 상황을 아무 일 없이 피해가는 것이다. 그러므로 지나칠 수 있으면 그대로 지나쳐라.

당신이 잘 알고 있는 사람이 위와 똑같은 짓을 하면 물론 말다툼이 시작될 것이다. 하지만 당신은 그의 행동을 이해하려고 노력해야 한다. 상대가 당신을 이런 방법으로 취급한다는 것은 스스로 힘이 세다고 느끼기 때문이다. 그의 화를 가라앉히기 위해서는 그의 '권위와 힘'을 인정하는 것이 필요하다. 그리고 자존심을 버리고 단순히 이렇게 말하라. "당신이 옳아, 내가 미안해"라고. 그리고 그 상황에서 재빠르게 벗어나라.

위의 방법으로 위기의 상황을 벗어날 수 없다면 다른 전략을 사용할 수 있다. 그것은 상대방 보다 당신이 더욱 화를 내는 것이다. 그가 당신에게 시비를 거는 것은 당신에게 화가 나 있다는 것을 의미하는 것이다. 이때 당신은 그보다 더욱 화가 났다는 것을 알려야 한다. 그러면 그는 당황해 하면서 자신의 행동을 다시 한번 생각해볼 것이다. 그리고는 더 이상 당신에게 시비를 걸지 못할 것이다.

당신이 의외로 공격을 하게 되면 기가 꺾인 그는 육체적인 공격을 하고 싶은 동기를 상실하게 된다.

경구 중에 "미친 사람과는 절대로 다투지 말라"라는 말이 있다.사람들은 미친 사람과 싸우기를 꺼려한다. 왜냐하면 싸움에서 이긴다는 가치가 아무런 의미를 획득하지 못하기 때문이다. 따라서 당신이 심각한 위험에 처해 있다면 상대로 하여금 당신을 미친 사람으로 생각하도록 만들어라.

비명과 고함을 지르고 혼잣말로 중얼거려보라. 그러면 상대는 싸움이나 당신을 해치려는 것이 무의미하다는 것을 깨닫게 될 것이다. 또한 제정신이 아니기 때문에 당신이 어떤 돌발적인 위험한 행동을 할 수도 있다고 결론 내릴 수도 있다. 따라서 상대가 무슨 생각을 하든지 당신은 심각한 위험에서 헤쳐 나올 수가 있다.

그래도 상대가 계속적으로 위협을 가해온다면 최후의 방법으로 먼저 공격을 취하라. 맞서서 싸울 때는 맹렬하게 싸워야 한다. 당신의 맹렬한 태도는 애초의 상대방 의도에 혼동을 준다. 폭력을 행사하는 사람은 폭력의 고통을 누구보다도 잘 안다. 당신을 위협하던 사람은 이제 스스로가 위협을 받는다는 것을 알게 된다. 그리고는 당신에게 폭력을 행사하겠다는 애초의 의도를 수정할지 모른다.

싸움이 최후의 수단이라는 것을 명심하라. 공격을 할 때에는 그의 약점을 골라서 하라. 눈, 고환, 목, 코 등은 특별히 취약한 부위이다.

성적인 폭력에
직면했을 때

당신은 우선 여기에서 제시하는 전략이 결코 수치스러운 게 아니라는 사실을 명백히 알 필요가 있다. 가장 나쁜 결과를 피할 수만 있다면 전략은 어떤 것이든 활용해야 한다.

당신은 상황을 판단하고 그 시간에 무엇을 해야 할지 이해해야 한다.

성적 폭력의 위기 상황에 처했을 때 당신이 선택할 수 있는 몇 가지 방법과 아이디어들을 제공한다.

우선, 당신을 성적으로 위협하려는 상대방을 알고 있는 경우라면 그가 하려는 일에 거부감 같은 것이 없는 것처럼 행동해야 한다.

오히려 관심이 있고 흥미가 있는 것처럼 행동하라. 그가 당신을 강간하려는 상황이라면 해를 당하기 전에 도망가는 것이 가장 중요하다. 이것은 공격자로 하여금 당신이 도망가지 않을 거라는 것을 믿도록 해야 성공할 수 있다. 그러므로 당신이 처음부터 상대방을 호의적으로 대하고 그의 행동에 동조하는 듯한 태도를 보이면 감정이 고조되어 있는 그는 당신의 행동을 솔직한 것으로 받아들이려 할 것이다. 그런 다음에 그가 담뱃불을 붙이거나 화장실을 간 사이에 그곳을 빠져나오면 된다.

당신이 공격자의 행동에 기꺼이 따를 것으로 믿으면 그는 공격적인 자세를 버리고 한결 여유로운 자세를 취할 것이다. 상대가 이처럼 방심했을 때 당신은 한결 지혜로운 방법을 선택할 수 있을 것이다.

성적인 폭력을 당하는 사람들의 대부분은 당황한 나머지 처음부터 드러내놓고 방어를 하는 실수를 저지른다. 하지만 이것은 사태를 더욱 악화시킬 수 있다. 만약 당신이 방어하지 않는 태도를 보인다면 그도 공격적이지 않고 좀더 느긋하게 행동하며 별다른 주의를 기울이지 않을 것이다. 그런 상황에서 당신은 상황을 벗어날 수 있는 기회를 찾을 수 있다.

당신이 첫 번째 목표로 삼아야 할 것은 그 장소를 벗어나는 것이다. 그러기 위해서는 앞에서 말한 것처럼 당신도 상대의 뜻에 동조한다고 그가 생각하도록 만들어야 한다. 당신을 전부터 아는 강간범들은 대부분 당신도 자신이 원하는 것을 똑같이 원할 것이라고 생각한다. 그러므로 그는 당신이 도망갈 것이라는 생각을 하지 않으면 틀림없이 경계를 소홀히 할 것이다. 바로 그때 행동을 취하는 것이 효과적이다.

만일 상대가 육체적인 접촉을 위해 접근을 하면 당신은 옆으로 살짝 비키면서 미소를 지어라. 상대는 당신의 미소를 보고 자신을 경계하지 않고 편안하게 받아들이려 한다고 생각하게 된다. 미소는 그 상황을 받아들이겠다는 일반적인 신호로 통하기 때문이다. 그에게 포용력 있는 미소를 계속 지어보이면서 계속 그를 안심시켜라. 그 다음에는 당신도 섹스를 하길 원한다는 합리적이고 논리적인 동기를 제공하라. 당신이 좀더 로맨틱한 곳으로 가고 싶다거나 또는 샤워를 하고 싶다고 말한다면 완벽한 동기가 될 수 있을 것이다.

상대로 하여금 방심을 하도록 유도한 뒤, 스스로 여유를 찾은 상황에서만이 지혜로운 해결책이 나올 수 있다는 사실을 명심해야 한다.

만일 당신을 강간하려는 사람이 잘 모르는 사람이라면 당신도 그에게 관심이 있다는 것을 계속해서 알릴 필요가 있다.

직접적으로 "나도 당신에게 호감이 가는군요. 우리 조금만 대화해요"라고 말하는 것도 좋은 방법일 수 있다. 그리고 겉옷을 벗어라. 그가 당신의 유도에 끌려온다면 당신은 이제 여유 있게 상황을 조절할 수 있다. 그를 무기력하게 만들 수도 있고 기회를 만들어 도망을 갈 수도 있다.

한 가지 유의할 점은 이 방법이 실패했을 경우 당신의 행동이 법정에서 불리하게 작용할 수도 있다는 것이다. 그러므로 신중하게 판단하여 완벽한 기회를 노려야 한다.

강간범을 안정시키는 것이 어려운 상황이라면 단호하게 당신의 입장을 말하는 것도 효과적이다. 물론 상대방의 감정을 자극하는 말을 사용하는 것은 금물이다. 자신 있고 당당하게 말을 할수록 이 방법은 효과적이다. 가령 이렇게 말해보라.

"잠깐만요. 조금만 기다려요."

만일 당신이 집에 있는 경우였다면 얼마 지나지 않아 사람이 올

거라고 말하라. 공공장소에 있다면 소리를 지르거나 비명을 질러라. 그런 식으로 불안 분위기를 조성하면 상대방은 두려움을 느껴 하던 일을 멈추게 된다.

그런 방법도 통하지 않는다면 구토나 소변이나 트림 같은 것으로 상대에게 혐오감을 주는 방법도 있다. 다시 한번 말하지만 나쁜 결과를 피하는 것이 최선이므로 전략의 기술에 수치감을 느껴서는 안 된다. 병을 앓고 있다고 말하는 것도 매우 효과적이다. 또한 정신이 나간 것처럼 가장하거나 정신적으로 발광하는 것도 한 방법이다.

물론 물리적인 힘으로 상대를 물리치는 것이 전혀 불가능한 것은 아니다. 당신은 충분히 육체적으로 상대를 물리칠 수 있고 당신의 그런 의지가 강력할 경우 의외로 상대방이 겁을 집어먹을 수도 있다.

그를 공격할 때에는 그의 약점이 될만한 급소를 노리는 것이 효과적이다. 눈이나 고환이나 목이나 코 등은 특별히 약한 부위임을 기억해두자.

당신이 상처를 받을 것 같으면 정당방위를 위해 공격하라. 이때 죄의식은 불필요하다. 살아남는 것이 가장 중요하다. 싸우지 않는 피해자는 죄의식이나 부끄러움도 없는 법이다. 때로는 싸움만이 가장 현명한 선택일 수가 있다.

PART III

나에게 주어진 상황을
조정하고 관리한다

우리는 자신 뿐 아니라 타인을 위해

한결같이 옳은 방법을 찾으려고 애를 쓴다.

그것들을 찾기 위해서 두려워하기도 하고 고민을 한다.

다른 사람을 위해 일을 한다는 것은 매우 기분 좋은 일이다.

당신이 타인에게 말하는 방법과 행동을 바꾸어라!

그러면 상대방의 태도와 행동도 바뀐다.

사람은 혼자가 아닌, 자신이 속한 세상에서 생각하고 행동한다.

그렇기 때문에 그들이 속한 세상에 대한 그들의 입장과

관점을 바꾸기만 하면 당신과 그들의 관계 역시

새롭게 바뀔 수 있다.

22
상대방의
행동을
유도하는 방법

- 상대방이 심사숙고하지 못하도록 선택의 기회를 좁혀라. 선택의 기회가 적다는 것은 더욱 빠른 결정을 내려야 하고 나중에 곰곰이 생각할 여유 없이 바로 행동하게 한다.

- 행동에 마감 시간을 주어라. 마감 시간은 자유를 제한하고 드물고 귀한 것을 얻고자 하는 욕망을 증가시킨다. 이것은 우리가 앞으로 나아가고 즉각적인 행동을 취하게 하는 대단한 동기가 된다.

- 처음에 사소한 요구를 들어주는 것으로 일관성의 법칙에 묶어라. 우리가 한 방향으로 한걸음 뗄 때마다 그 일관성을 유지하려고 더 큰 요구도 들어준다.

- 현재의 동작을 위해 사소한 경품을 내걸어라. 이것은 협조를 얻고 싶은 당신의 기회를 증가시키기 위해 중요하다.

관성의 법칙을
적용하라

움직이는 물체는 계속적으로 움직이려 하고 정지하고 있는 물체는 계속 정지하려 한다는 법칙이 뉴턴은 관성의 법칙이다. 그와 마찬가지로 사람 역시 움직이는 사람은 계속 움직이려 하고, 쉬고 있는 사람은 계속해서 쉬려고 한다. 당신이 상대방을 올바른 방향으로 움직이게 하려면 육체적이든 정신적이든 편안하거나 재미있게 시작해야 한다. 그래야만 그는 당신의 제안이나 요구를 계속 따라 하려 할 것이다. 왜 그럴까?

인간이란 존재는 자신들의 행동을 일관되게 하려는 강한 욕구를 가지고 있다. 심리적 요소는 사람을 얼마나 효과적으로 움직이게 만드는가를 정확하게 설명한다. 즉 상대방이 사소한 요구에 응한다는 것은 결과적으로 더욱더 큰 요구에도 동의할 의사가 있다는 것이다. 당신이 처음부터 하려고 원했던 것을 결과적으로 정말로 한다는 말이다. 그러나 처음부터 응하지 않는 것은 아무리 사소한 요구라도 들어주지 않을 가능성이 높다.

우리는 우리 자신이 한 방향으로 일단 발걸음을 내딛으면 더 큰 요구에도 그대로 응하겠다는 일관성을 유지하려고 한다

선택을
최소화하라

당신이 처음으로 해야 할 것은 사람들의 선택권을 최소화하는 일이다. 전통적인 지혜의 스승들은, 선택의 폭을 넓혀 좋아하는 것을 찾고 그것에 걸맞은 행동을 취할 동기를 부여하라고 가르친다. 그러나 진실은 그와 반대이다. 당신이 많은 선택권을 허용한다면 상대방은 어떤 것도 선택하기 힘들어지게 된다.

누구나 잘못된 선택을 걱정하거니와 스스로 2등이 되고 싶어 하지도 않는다. 즉 한정되어진 상황에서는 먼저 빨리 선택권을 쥐려 한다는 뜻이다. 또한 선택의 폭이 적다는 것은 더욱 빠르고 덜 꼼꼼하게 결정한다는 것을 말하는 것이다.

유명 가구 체인점이 있다. 물건을 고객의 집으로 배달하는 날짜는 주문일로부터 3일 뒤이다. 왜일까? 그 이유는 이렇다. 가구를 구입한 사람의 60퍼센트 이상이 3일 안에 가구의 색깔이나 재질이나 디자인을 바꾼다.

대부분의 사람들은 선택의 길이 많은 가운데 그 중에서 한 가지를 결정하라고 하면 '과연 올바른 선택을 했을까'라고 한 번쯤 갈등을 한다.

그러나 선택의 폭이 제한되거나 다시 제자리로 돌려줘야 할 때는 선택으로 인한 갈등이 있을 수 없다. 그러므로 제한된 선택은 어떤 선택이라도 상대방에게 권리를 주는 것이고, 딩신은 그가 스스로 결정한 것을 따르는 것이 된다.

운명은 우연이 아닌 선택이다. 기다리는 것이 아니라 성취하는 것이다.
- 윌리엄 제닝스 브라이언 -

마감시간을
주어라

기대했던 효과를 위해서 상대방에게 마감시간을 주는 것도 썩 괜찮은 방법이다. 그러면 다음과 같은 중요한 심리학적 동기들이 유발되어 행동의 효과를 촉진한다.

일이란 당신에게 주어진 시간에 따라 늦게 할 수도 있고 빨리 할 수도 있다. 사람들은 즉각적으로 앞으로 나아가지 않는 성질이 있기 때문에 세상일은 마감 시간과 만기 날짜에 영향을 받는다.

행동을 취하기 전에 더 좋은 조건이나 더 많은 정보나 더 훌륭한 분위기가 조성되길 기다리는 것이 인간의 본성이다. 그러므로 마감시간을 분명히 하고, 나중에는 기회가 없으므로 지금 행동해야 한다는 것을 알리는 것이 매우 중요하다.

이것은 자유를 구속받고 싶지 않은 또다른 심리학적 동기에서 기인한다. 우리는 가질 수 없는 것이나 아직 좀더 원하는 것을 끝내야 한다는 말을 자주 듣는다. 그러므로 미래에 행동할 기회가 없을 수도 있다는 것을 개인에게 알리는 것은 지금 더 빨리 움직이도록 하는 훌륭한 동기가 된다.

빨리 팔아야 하는 물품에 '세일'이라고 써 붙이는 유명한 상점이 있다고 하자. 사람들은 '세일'이라고 써 붙인 물건을 보면 무의식적으로 사고 싶은 충동이 일기 때문에 그의 전략은 성공적이라 할 수 있다. 사람들은 '세일품'을 보는 순간 불현듯 그 물선을 구입해야겠다는 호기심이 생긴다.

인간 행동은 완전한 것보다는 모자라는 것과 드문 것에 반응하기 마련이다. 당신은 인생을 살아가면서 이것이 진실이라는 것을 확실히 발견할 것이다.

사람들은 가장 최신의 것과 가장 열광적인 것을 원하면서 그것들에 많은 호기심을 갖는다. 행동의 기회가 기계적으로 좁아지면 욕망은 더욱 커진다. 다이아몬드, 황금, 석유 등은 근본적으로 훌륭한 것이 아니지만 높이 평가된다. 이유는 그것들이 단지 드물다는 인식에서이다.

한 번 생각해 보자. 백금은 황금보다 귀하다. 황금은 은보다, 은은 동보다 귀하다. 이것들의 가치는 모두 얼마나 많은 양을 우리가 사용할 수 있느냐에 달려 있다.

기대감을
심어주어라

기대의 법칙은 사람들이 해주길 바라는 것을 그들 자신에게 말하는 것이다. 이때 주의해야 할 점은 직접적으로 분명하고 확고하게 말하고 행동해야 한다는 것이다. 그 외에 적절하게 일치하는 신체적인 행동을 취해야 한다. 문 쪽으로 움직이든, 펜을 집든, 전화번호를 누르든, 사람들은 당신의 말과 행동에 따라 다양하게 반응한다. 행동에 불을 붙이기 위해선 단지 말 이상의 것, 즉 행동을 적용해야 한다.

예를 들면 상대방이 당신의 뒤를 따르길 바란다면 그가 따라온다는 확신으로 앞만 보고 걷기 시작하라. 당신은 말과 행동으로 사람들이 원하는 자신감과 기대감을 전달해야만 한다.

부정적인 기대는 생각을 막다른 골목으로 이끄는 지름길이다.
- 존 맥스웰 -

경품이 있다는 것을
알려라

"조금만 더 기다리세요. 이게 전부가 아닙니다!" 당신은 사업상의 거래가 끝난 후나 늦은 밤의 밀애 끝에 이런 말들을 얼마나 많이 들었는가? 경품이나 보상금이 있다는 것은 TV프로에서든 사람이든 전화상이로든 직접적인 행동을 하도록 하는 매우 효과적인 도구이다. 그러므로 경품을 잘 활용하면 당신이 원하는 대로 상대방의 행동을 유도할 수 있다. 이런 기술을 적용하면 응답자의 35퍼센트 정도가 훨씬 높은 비율의 반응을 보인다고 한다.

상대방이 행동할 수 있도록 특별 경품을 준비하라. "아이스크림을 먹을 수 있어", "당신을 위해 자동차를 빌려 줄 수 있어", "일이 끝나면 맛있는 저녁식사를 하자" 등등, 내용은 크게 문제가 되지 않는다. 일단 위의 전술을 적용하라. 지금 행동을 취하려는 상대방에게는 아무리 사소한 경품이라도 효과가 있을 것이다.

이런 심리학적 도구가 남녀노소를 불문하고 얼마나 효과적인지를 경험해보라. 당신은 놀라지 않을 수 없을 것이다.

23
효과적으로
충고를 해주는
방법

- 결정의 90퍼센트는 감성에 근거한다. 감성을 동기로 작용한 다음, 행동을 정당화하기 위해 논리를 적용한다. 그러므로 설득을 시도하려면 감성을 지배해야만 한다.

- 행동을 추진시키기 위해서는 분명한 진로를 가진 해결책을 제공하라.

- 당신의 아이디어에 부정적이고 불유쾌한 해석이나 결과를 방지하는 방법을 더하라. 이것은 상대방이 귀 기울이기를 바라며 설명하는 것보다 훨씬 효과적이다.

- 새로운 사고방식이 상대방 자신을 그대로 일관성 있게 만든다는 것을 알리도록 하라. 이런 믿음이나 행동이야말로 그가 했던 것들과 일관성이 있다는 것을 설명하라.

- 당연한 것을 말한다는 인상을 주지 마라. 그렇게 해야 당신을 더욱 신뢰하고 성실하다고 생각할 것이다.

- 열정은 전염이라는 것을 기억하라. 당신이 그 아이디어에 열광하지 않으면 상대방 역시 마찬가지이다.

상대방의
감성에 호소하라

당신이 지금 대단히 훌륭한 아이디어를 갖고 있다고 가정하자. 하지만 아무도 당신의 생각을 귀담아들으려 하지 않는다. 이것은 대단히 불쾌한 일이다. 우리는 살아가면서 이런 경우를 적지 않게 경험한다. 자신이 가지고 있는 좋은 생각이 무시되는 경우, 사람들은 자존심에 상처를 받게 되고 좌절하게 된다.

다음의 심리적 전략들을 삶에 즉시 활용한다면 사람들은 당신의 말에 보다 신중히 귀를 기울일 것이다. 이러한 전략에 중요한 영향을 미치는 것이 바로 감성이다.

당신이 가지고 있는 생각을 상대방에게 이해시키기 위해서는 우선 상대방의 감성에 호소할 필요가 있다. 아무리 이성과 논리가 완벽하게 준비되어 있더라도 감성이 움직이지 않으면 영향을 주기란 매우 힘들어진다. 우리가 하는 결정의 90퍼센트에는 감성이 관여한다. 감성에 먼저 영향을 끼친 후 우리의 행동을 정당화하는 데 필요한 논리를 적용하는 것이다.

감성에
호소하라

당신이 상대방에게 논리적인 근거로만 엄격히 호소하게 되면 설득하기가 무척 힘들어진다. 그러므로 당신은 감성을 바탕으로 해서 상대방의 생각을 움직일 필요가 있다. 이처럼 상대방의 감성에 먼저 호소하면 당신은 틀림없이 특별한 이익을 얻을 것이다.

우리가 열정적으로 행동하고 앞으로 나아가려는 동기가 생길 때는 근본적으로 그런 행동을 추진하기 위한 방향과 방법부터 이해해야 한다. 앞으로 가고자 하는 통로에 불이 밝혀지고 길이 쭉 뻗은 것을 알면 누구나 안정된 느낌을 갖게 된다. 당신의 충고를 상대방이 받아들이길 원한다면 목적하는 것 이상을 제공하여야 한다. 그리고 그곳에 도착할 수 있는 구체적인 방법까지 제시하여야 한다.

이러한 방법까지 덧붙이면 부정적이거나 불유쾌한 아이디어라는 평가를 방지하게 됨으로 당신이 바라는 성공적인 설득이 될 것이다.

유명한 경마 복권 회사에서 '당신은 승자가 될 수 있다'라는 슬로건을 내걸었다. 그리고 그 슬로건은 매우 오랫동안 효과를 보았다. 그리고 나서 심리학자의 자문을 받은 후에 '당신은 이미 승자가 될 수 있었다'로 슬로건을 바꿨다. 왜 그랬을까? 이런 슬로건을 보는 사람들은 자신이 이미 가졌어야 하는 것을 잃었는지도 모른다는 두려움을 갖게 된다.

당신은 과연 막대한 부를 유혹하고 있는 슬로건을 그대로 내팽개칠 수 있을까? 절대로 그럴 수 없을 것이다.

이 경우는 앞의 슬로건이 내포한 의미, 승자로서 새로운 것을 얻는 것과 다르다. 이제 그는 중요한 것을 잃는다는 위험을 느낀다. 이것은 더욱 강력한 동기가 된다. 그러므로 당신이 말하는 것을 듣는 것보다는 마음의 번민이나 돈이나 에너지 등을 스스로 지켜야겠다는 데 초점을 맞춘다.

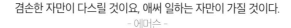

겸손한 자만이 다스릴 것이요, 애써 일하는 자만이 가질 것이다.
- 에머슨 -

고려해야 할
네 가지 심리적 요소들

이 전략을 실행에 옮길 때 우리가 고려해야 할 심리적 요소들을 살펴보자.

첫째, 사람들은 행동을 시키는 해결책들에 더욱 호의적으로 반응한다. 그러므로 처음으로 아이디어를 제시한 사람이나 자신을 올바른 방향으로 인도하는 사람이 바로 당신이라는 것을 그가 기억하게 만들어라.

둘째, 자신의 생각을 일관성 있게 지키는 것이 새로운 생각보다 훌륭하다는 것을 알려라. 그리고 이런 믿음과 행동은 자신이 해왔던 것과 일치한다는 것을 그에게 기억하게 하라. 당신은 인간이란 존재는 모두가 질서와 일관성에 대해 내재된 욕구를 갖는다는 것을 기억해야 한다. 상대방이 이것을 인간의 생각에서 일탈하는 것이 아니라 연속성으로 해석하게 된다면 당신이 찬사를 받을 기회는 더욱 늘어날 것이다.

셋째, 누구나 아는 뻔한 충고를 들으려고 하는 사람은 없다는 것을 명심하라. 당신이 충고를 하는 데에 있어서 가장 좋은 방법은 "아는 것에는 생각으로 아는 것과 경험으로 아는 것이 있지요. 그리고 이것은 내가 경험으로 자신할 수 있는 것이지요"라고 말하는 것이다.

넷째, 무엇보다도 열정은 전염성이라는 것을 기억하라. 말하는 것에 당신이 열광하고 열정적일수록 상대방도 너욱 열광적이고 열정적이 된다.

이런 전략은 확실한 성공을 약속한다. 그러나 그보다 먼저 충고를 하는 사람들이 가장 흔히 저지르기 쉬운 실수 중의 하나를 살펴보자. 이것들은 다른 어떤 것보다도 더욱 '완고한' 생각에서 비롯되는 인간 본성의 양상이다. 자유를 구속하거나 제한하면 자유를 더욱더 추구하는 게 인간의 본능적인 행동이라고 한다.

그것을 우리는 리액턴스(reactance)라고 말한다. 이것은 상대방이 우리의 자유를 제한하려 할 때 생기는 대단히 막강한 힘이다. 사람들이 당신이 요구하는 것에 맞서려는 것도 바로 이 때문이다.

반항할 것 같은 상황에서 당신의 강제적인 추진은 대단한 마찰을 가져온다. 그렇게 되면 당신의 말을 듣기 위해 마음을 여는 사람이 아무도 없을 것이다. 상대방은 자신이 강요당한다고 느끼기 때문이다. 그러므로 당신은 반드시 이 점을 이해해야 한다.

왜 당신의 희망적인 말들이 주목받지 못한다고 느껴질까? 이것에 접근하는 가장 훌륭한 방법은 상대방 자신이 할 일을 마지막으로 말했던 때를 일깨우는 것이다. 그리고 나시 추진과 결과라는 양 측면을 제시하는 것이다.

24
약속을
지키도록
만드는 방법

- 처음으로 부탁을 할 때에는 다음과 같은 5단계로 표현할 수 있다.

1) 상대방이 대답하도록 만들어라.

2) 시간 약속을 얻어내라.

3) 책임감을 발현시켜라.

4) 양심을 발동시켜라.

5) 백문이 불여일견이다.

- 대화를 끝맺을 때 말로서 확고하게 확인을 하라. "그럼 다음 토요일에 봐요"라고 간단하게 표현할 수 있다.

- 마지막으로 날짜가 가까워지면 당신이 고마워한다는 것을 알려라.

- 상대방에게 그 일을 완전하게 끝내줄 것을 다시 한번 부탁하면서 언제 나 최선을 다하는 진정한 우정과 책임감과 성실함에 감사한다고 말하라.

약속을 지킬 사람이라는 것을
당신이 믿는다고 그에게 알려라

약속은 인간관계를 지속적으로 형성하게 하는 신성한 제도이다. 하지만 그런 약속이 쉽게 위반되거나 해약되는 경우는 우리가 알고 있는 경우보다 훨씬 많다.

약속이 깨지는 것은 인간관계에 금이 가고 있다는 결정적인 증거가 된다. 당신 역시 상대방의 일방적인 약속 파기 때문에 피해를 입어본 적이 있을 것이다.

상대방이 약속을 지키게끔 유도하는 가장 효과적인 심리적 기술은 상대방이 약속을 지킬 사람이라는 것을 당신이 믿는다고 그에게 알리는 것이다. "당신이라면 나와의 약속을 꼭 지킬 사람이야"라거나 "당신의 믿음직한 모습은 언제나 나를 감동시켜요"라거나 "나는 당신이 나에게 신의를 지켜왔다는 사실에 대해 언제나 고맙게 생각해요"라고 말하는 것이야말로 상대로 하여금 약속에 대한 강박과 자신의 의무를 다시 생각하게 만든다.

이런 말들은 상대의 자아에 직접적으로 자극을 주기 때문에 그들로 하여금 당신과의 약속을 지키게끔 유도한다. 상대를 유도하기 위해서는 당신이 그에게 기대하는 것을 충분히 인식시켜야 한다.

기대치를
높여라

상대방이 약속을 지키지 않았을 때 흔히 우리는 다음과 같은 반응을 보인다. "제발 약속 좀 지켜!", "당신이 약속을 지키지 않을 줄은 정말 몰랐어", "네가 어떻게 약속을 지키지 않을 수가 있지?" 하지만 이런 말들은 아무런 효과가 없는 실언들이다. 이것은 상대방으로 하여금 잘못되었다는 어떤 심리적 동기도 결코 유발하지 않는다. 오히려 이런 말들은 상대방 자신이 행동의 주체가 아니라는 것을 지적할 뿐이다. 즉 그의 행동을 바꾸도록 하는 것이 아닐뿐더러 오히려 정당화할 이유들을 보충하라고 강요하는 것이다.

예를 들어보자. 어떤 여자에게 다음 2주 동안 서류를 정리해달라고 부탁한다. 이때 "어떻게 할 거야?"라든지 "지금 당장 시작할 순 없어?"라고 말해서는 안 된다. 이것은 상대방이 핑계나 구실로 뒤로 빠질 기회만 줄뿐이다. 그런 말 대신에 "당신이 서류 정리를 도와주면 고맙겠어. 당신은 도와주는 것은 물론이고 끝까지 수고해주는 사람이므로 존경해"라고 말하자. 이런 말들이야말로 상대방의 자존심을 보호해줄 수 있다. 즉 상대방이 프로젝트 수행 여부를 결정하게 되는 것이다.

이렇게 하면 그녀는 "너무 바빠서 그 일을 하고 싶지 않아요"라는 말을 거의 하지 못한다. 그녀는 당신의 질문에서 자신의 존재 가치를 인식하게 될 뿐만 아니라 자신에 대한 불만 역시 없앨 수 있기 때문이다. 그녀는 단순히 '자신은 일을 했다 하면 제대로 할 수 있다'라고 스스로를 과장해서 생각하게 된다. 그러므로 그녀가 이 프로젝트를 포기하면 스스로에게 질문해야 할 것이다. '나는 어떤 종류의 사람인가?'라고.

처음 것과 연관하여 적용할 수 있는 이 전략의 다른 측면은 가치 주체성을 개괄적으로 호소한다.

예를 들면, 우정, 업무 약속, 친절과 같이 인간의 주체성을 갈망하는 대부분의 주제들을 구체화할 수 있다. "많은 사람들이 우정이란 단어의 정의를 모른다니 정말로 놀랍지 않습니까?"라는 질문은 대단한 힘을 발휘한다. 이런 문장 하나로 당신은 그녀에게 중요한 가치 체계를 가지고 일을 하게 만든다. 이제 지금 하는 일은 홀로 동떨어진 작업이 아니고 실제로 당신의 우정을 드러내는 일이 되기 때문이다. 그녀는 당신의 부탁이 성가시기보다는 당신과의 인간관계를 소중히 생각한다. 이것은 업무를 수행하는 것 이상으로 당신과의 온전한 우정과 더불어 이 일을 하는 강력한 힘이 될 수 있다.

특별하고 확고한
약속을 만들어라

더욱 효과적인 방법이 있다. 당신이 처음으로 부탁할 때 그가 확실히 돕도록 하려면 다음에서 말하는 다섯 가지 과정을 따르라.

예를 들어보자. 당신이 컴퓨터에 문제가 생겼다고 친구에게 말한다. 그리고 이번 토요일에 집에 올 수 있느냐고 그에게 명랑하게 제안한다. 이제 그는 좋다거나 그렇게 해보겠다고 말을 해야 한다. 당신은 그의 도움이 절실히 필요하다. 그러므로 이제 당신은 특별한 심리요인을 적용하여 막연한 제안을 특별하고 확고한 약속으로 만들어야 한다.

첫째, 상대방이 대답하도록 만들어라.

당신이 해야 할 말은 단 하나이다. 그가 말을 하면 완전히 새로운 수준의 약속이 되게 하라. 당신은 그에게 이런 말들을 할 필요가 있다. "정말로 그것을 도와주겠지?"라든지 "힘들지 않겠어?"라고 말하라.

둘째, 시간 약속을 얻어내라.

그가 당신을 도울 수 있는 시간이나 일을 마치는 데 걸리는 시간을 약속 받을 필요가 있다. 그러므로 이렇게 물어보라. "대단히 고마워. 몇 시가 좋지?", "그것을 마치는 데 얼마나 걸릴까?"

셋째, 책임감을 발현시켜라.

그의 도움 덕분에 당신이 하려던 일이 어느 정도 변할 수 있다는 것을 그에게 알리는 일이 중요하다. 그의 도움을 이익으로 여기고 있다는 것도 알려야 할 일의 한 부분이다. 그러나 도움 주는 것이 불안하다면 철회할 수 있다는 것도 말할 필요가 있다. 이런 경우 당신이 다른 약속들을 취소할 것이며 다른 계획을 그에게 맞추겠노라고 말해야 한다.

넷째, 양심을 발동시켜라.

당신이 지금 그의 도움에 의존하고 있다는 것을 알릴 필요가 있다. 그의 도움이 얼마나 중요한가를 알릴 때가 바로 지금이다. 그가 일을 끝내지 않으면 당신이 겪을 고통의 결과를 말하라. 예를 들어 당신이 보도 기사를 제 시간 안에 컴퓨터에 입력하지 않으면 불이익을 당하거나 그와 유사한 결과가 따른다는 것을 말하라.

다섯째, 백문이 불여일견이다.

대부분의 부동산 중개업자들은 이 전략의 힘을 알고 있다. 주택을 보여줄 때 그들은 이런 전략으로 사람들의 상상을 유발시킨다. 타인의 집을 자신의 것으로 받아들이게 하는 것은 강력한 시각적 기술이다. 그러므로 그들은 고객에게 주변을 보여줄 때 "TV는 어디다 놓으실 건가요?", "소파는 어디에 놓으실 건가요?"라고 질문한다. 이런 경우 당신은 친구에게 묻게 된다. "너라면 뭘 먼저 하겠어? 모니터를 연결할까, 아니면 안내책자를 더 자세히 볼까?"라고.

당신도 상대방이 무엇을 해야 할지를 말하도록 만들 필요가 있다.

25
고집불통인 사람을
상대하는
방법

- 인간이란 존재는 비슷한 아이디어에는 동의하거나 나중에 자신의 거부감을 취소할 수 있는 방편의 마련에 일관성을 부여하려는 강한 욕구가 있다.

- 당신이 원하는 것을 하도록 그의 능력을 제한하라. 그리고 해결책을 제공할 기회를 줘라.

- 상대방의 감성 상태는 신체적 상태와 바로 직결된다. 그의 신체를 움직이게 하면 마음도 쉽게 바꿀 수 있다.

- 새로운 정보가 없으면 마음을 바꾸는 것을 꺼린다. 그는 스스로를 일관성 있다고 생각하기 때문이다. 당신은 재고하기 전에 부가적인 정보를 제공하라.

- 당신이 최근에 그의 아이디어에 영향 받았다는 것을 알게 하라. 상대방이 제3자를 설득하는 데 성공적이었다면 당신의 설득력 있는 호소에도 반응한다. 그래서 언제라도 태도를 바꾸고 보답하려 한다.

- 가능하다면 그도 처음 아이디어에 어느 정도 책임이 있다는 것을 보여주어라.

당신의 주장이 강하면
상대의 거부도 거세다

이와 같은 사람과 마주치게 되면 당신이 절대적으로 물러설 수 없다고 벌이는 논쟁도 아무 소용이 없다는 것을 알 수 있다. 당신의 주장이 강하면 강할수록 그들의 거부는 더욱 거세다. 이미 타당성의 여부는 사라지고 다른 의견과의 차이점도 말할 수 없다.

상대방의 저항에 부딪힌다면 믿음, 가치관, 사람, 장소, 물건 등을 재평가해야 한다. 그러므로 다음의 두 가지 국면 과정을 적용해야 할 것이다.

국면 1 - 어떤 부탁을 하기 전에 당신이 먼저 보여야 할 것이 있다. 상대방이 당신의 부탁을 받아들이는 것이 전혀 불가능한 일이 아님을 알게 하라. 그런 다음에야 비로소 당신은 상대방의 태도를 바꾸고 협력을 얻을 수가 있다. 그러므로 당신이 먼저 해야 할 일은 그의 거부감을 중화시킬 수 있는 아이디어나 사고체계를 갖는 것이다.

그러나 이런 태도에 상관없이 당신은 하나의 전략으로 상대방의 사고를 빠르고 철저하게 조절할 수 있다. 예를 들어 당신이 새로운 아이디어에 대한 상사의 견해를 듣고 싶어 한다고 가정하자. 그럴 때는 이렇게 간단히 말하자.

"마음을 닫는다는 건 바람직하지 못한 전략이 아닐까요?"

그리고 시간이 조금 지났을 때 하고 싶은 말을 꺼내보라. 상대방은 여느 때와는 달리 협력을 하고, 당신의 제안에 마음을 열 것이다.

이것은 대단히 효과적인 전략이다. 인간이란 존재는 믿음과 행동을 일치하려는 강한 욕구를 갖고 있다. 하지만 어떤 사람들은 한 길을 고집하고 다른 것들에는 혼란스러워하며 스스로를 어리석게 생각할 수 있다. 그리고 우리도 이와 비슷한 방법으로 우리 스스로를 규정지으려 한다. 그러나 한 번이라도 공개적으로 우리들의 입장을 표명하게 되면 우리의 태도 역시 그것에 따라 확정지어지게 된다. 그리고 그것들은 이후 이어지는 행동들에 지대한 영향을 미친다.

국면 2 - 상대방이 완고한 것은 무엇인가를 할 수는 있지만 하고 싶지 않다는 뜻에 다름 아니지 않는가? 정말 그런 것을 할 수 없다면 완고할 이유도 없지 않은가?

사실, 그런 완고한 마음은 한편에서 당신의 부탁을 들어주려는 욕망을 증가시킨다. 그리고 즉각적으로 고집의 벽이 허물어진다. 이것은 집을 떠난 적이 없는 사람이 절대로 여행하고 싶지 않다고 말하는 것과 같다.

그러나 갑자기 자유를 구속하면 자아가 발동하여 무의식적으로 집을 떠나야겠다는 욕망이 생긴다. 즉 '내가 떠나고 싶으면 떠날 수 있다'라는 생각이다. 그리고 나면 마음은 하고자 하는 대로 달려가기 시작한다.

이런 제한은 어느 형태로도 나타날 수 있다. 일정 기간 경품을 내

걸어 물건을 파는 것을 어떻게 생각하는가? 우리가 언제나 선택할 수 있다면 행동을 유발하는 자극도 그렇게 강렬하게 일어나지 않는다. 그러나 처음부터 원했던 것에 상관없이 한 번 제한을 받으면 관심이 증가한다. 그렇다면 금지령이란 오히려 관심의 문을 두드리는 것이 아닐까? 그러나 여기에도 문제는 있다. 제한이란 상대방이 문제를 해결할 수 있도록 극복 가능한 것이어야 한다는 점이다.

늘 자기 의견만 정당하다고 고집하지 마라.
- 벤자민 프랭클린 -

상대의 마음을 여는
다섯 가지 강력한 비법

1) 당신 앞에 있는 상대방이 경직된 자세라고 가정하자. 이때 당신이 원만한 대화, 혹은 관계를 위해 할 수 있는 일은 그의 심리를 바꾸는 것이다.

상대방의 감성은 심리 상태와 직결된다. 그가 부정이나 거절의 자세로 팔짱이라도 끼고 있다면 몸을 움직이게 만드는 것이 좋다. 이것은 마음을 닫는 것을 방지하고 심리적 자세를 수월하게 만들 수 있다.

앉아있다면 일어서게 유도한 다음 주변을 걷게 하라. 일어서 있다면 앉도록 만들라. 우리의 몸이 고정된 자세일 때 마음도 비슷하게 경직된다. 신체를 움직이는 것 이상으로 사고의 형태를 쉽게 바꿔놓을 수 있는 방법도 없다.

2) 상대방에게 재고해 줄 것을 요구하기 전에 부가적인 정보를 제공하라. 자신의 생각이 모호해지길 원하는 사람은 세상에 아무도 없다. 상대방에게 동의를 구하기 전에 어느 정도의 필요한 데이터를 제공하라. 그렇지 않으면 그가 잊어버릴 만한 것을 생각나게 하라.

이런 과정에서 그는 단순한 마음의 변화가 아니라 부가적인 정보를 바탕으로 새로운 결정을 내릴 수 있다.

3) 자기 자신의 각성이 고조되었을 때 쉽게 영향을 받는다는 연구

가 있다. 이것은 말 그대로 우리가 생각을 통해 자신을 볼 수 있을 때 설득력이 있다는 말이다.

거울 벽이나 반사창이 빛을 반사하는 것 같은 투명한 대화를 갖는다면 협력의 기회는 증가한다.

4) 서로를 설득하자. 다시 한번 말하는 것이지만 상대방을 설득하기 위해서는 그 이전에 당신 자신의 마음을 바꿔야 한다. 그 다음에야 상대방은 당신이 요구하는 대로 태도를 바꿀 것이고 그것이 서로가 주고받는 것이라고 생각하게 될 것이다.

이와 유사하게 상대방의 호소를 당신이 거부하고 마음을 바꾸지 않으면 그도 마음을 바꾸지 않는다. 그것이 서로에게 상응하는 것이라고 생각하기 때문이다. 이럴 때 유리하게 적용할 수 있는 말이 있다.

"나는 당신이 말했던 것을 생각했지요(그가 자신의 견해를 설명했던 이전의 대화). 그 생각에 찬성합니다. 정말로 맞는 말이더군요."

5) 상대방도 아이디어에 책임이 있다는 것을 알려라. 이러한 태도는 여러 가지를 얻어낼 수 있다. 여기에서 가장 중요한 것은 그가 더욱 객관적으로 분별을 한다는 것이다.

이런 태도는 그가 자신의 신념체계에 행동을 일치하려는 것이다. 일단 그가 저항하지 않으면 행동을 할 수 있는 심리적 원동력을 이끌어낼 수 있다. 그리고 당신은 언제라도 상대방의 상황에 맞는 행동을 취할 수 있다.

26
조직의
리더가
되는 방법

- 지도자들은 사람들과의 동질감을 통해 신뢰와 지지를 얻을 수 있다. 당신 자신을 군중과 분리시키지 말고 군중 속의 한 사람으로 남아라.

- 겸손은 효과적인 지도력의 가장 강력한 특성 중의 하나이다. 강한 자아는 지도자와 사람들 사이에 장벽을 만든다.

- 당신의 비전은 분명하고 간단하고 조직적이어야 한다. 복잡하고 산만한 전략을 좋아하거나 추종하고 싶은 사람은 아무도 없다.

- 권위를 열정과 혼동하지 마라. 과도하게 열정적인 지도자들은 믿을 만하긴 하지만 그들을 추종하는 사람들은 많지 않다.

- 누구에게도 고함을 치거나 공개적인 책망을 하지 마라. 이것은 존경심을 잃게 하는 원인이다.

- 다른 사람들을 중요하고 특별하게 여길 때 카리스마도 생기는 법이다. 사람들은 자신들 스스로를 훌륭하게 느끼게 만드는 사람을 따른다.

지도자의
기술

일단 사람들의 열정과 지지를 받으면 당신은 심리적 기술을 적용하여 확고한 믿음을 얻어낼 필요가 있다. 지도력이라는 자질 중에서 가장 중요한 것은 상대에게 언제 어떻게 부탁을 해야 하는가를 아는 일이다.

이 기술을 어떻게 다루느냐에 따라 지도력을 얻을 수도 있고 상실할 수도 있다.

"지도력을 위해 어느 정도의 참여가 이상적인가?"라는 질문이 있다. 당신은 이런 물음에 대해서 민주주의나 군주제와 같은 것으로 거창하게 생각할 필요는 없다.

추종자들에 의해 공정한 관여를 허락받은 지도자들은 일반적으로 너무 많거나 적게 관여하도록 허락받은 지도자들 보다 많은 효과를 볼 수 있다는 연구 결과가 있다. 추종자의 지지가 필요 없이 자신의 능숙한 기술로 결정할 수 있는 지도자는 굳이 도움을 요구할 필요가 없을 것이다. 그러나 그가 사람들의 지지를 필요로 한다면 그는 도움을 요구해야만 한다. 한 사람의 지도력은 유동적이라고 할 수 있다. 그래서 상황에 따라 일어나는 차이점도 인정해야 한다.

지도자의
인격

먼저, 지도자의 인격에 대해 알아보자.

동질감 - 실질상의 지도력은 다른 사람을 생각하는 것을 의미한다. 당신이 상대방의 소망이나 요구나 결핍에 호소한다면 상대방의 행동에 동기를 부여할 수 있다. 당신이 그렇게 하기 전에는 사람들도 당신에게 관심을 갖지 않는다는 것을 명심하라. 노자의 <도덕경>엔 지도력에 관한 매우 유용한 교화의 말이 있다.

"위대한 통솔력은 사람들과 완벽한 동질감으로 신뢰와 지지를 얻는다. 그러므로 사람들의 관심은 자연히 통솔자의 관심으로 발전하게 된다."

동질감을 성취하기 위해서는 당신 스스로 군중과 떨어지지 말고 그들 속의 일원으로 남아야 한다.

겸손함 - 겸손이란 사람을 위한 것이 아니라 사람에 의한 것이어야 한다. 보통 겸손에 상반되는 자기도취는 위대한 지도자를 만들지 못한다. 마하트라 간디나 마틴 루터 킹과 같은 사람까지는 아니더라도 겸손은 추종자를 갖게 한다는 것을 알 필요가 있다. 다시 노자의 <도덕경>을 보자.

"지도자는 추종자들에게 우월감을 갖는 말과 행동을 하지 않는다.

스스로를 지도자로 여기는 사람들은 자신을 낮추는 행동을 절대로 두려워하지 않는다."

하지만 자기도취로 통치하는 사람들은 분노와 두려움으로 사람들을 다스린다. 역사는 이런 자기도취에서 비롯된 폭군과 독재자와 군인들로 가득하다. 최고의 지도자는 무력을 이용하여 규율을 추구하기보다는 자신을 타이를 줄 아는 사람이다.

당신은 스스로를 다른 사람들과 구별하지 말아야 한다. 중요한 것은 다른 사람들을 이끄는 것이 아니라 필요한 것을 준비하는 사람이어야 한다는 것이다.

스타일 - 신망 있고 지도력 있는 가장 효과적인 도구는 한 마디로 단순성이다. 복잡하고 혼란스러운 전략을 좋아하는 사람은 거의 없기 때문이다. 『도덕경』에 이것에 대한 지혜가 담겨 있다. 다음과 같은 구절을 읽어 보자.

"사람들에게 복잡한 전략을 강요하는 지도자들의 오만은 사회적 반동을 일으키는 한 원인이 된다. 그것은 교묘한 전략이 사람들의 흔들리는 정서와 교활한 반응을 자극하기 때문이다. 그 대신에 지도자들이 조직을 단순한 방법을 가지고 직접적으로 인도한다면 사람들의 혼란스러운 반응은 줄어들 것이다."

사람들 스스로가 당신의 생각에 맞추기를 바란다면 당신의 계획은 분명하고 조직적이어야 한다. 당신의 생각에 일관성과 질서가 없고 산만하다면 사람들은 흥미를 두지 않고 진지하지 않을 것이 분명하다. 그러므로 모든 입장과 생각들은 분명하고 간단하고 직접적이어야 한다.

당신이 완고해 보이면 보일수록 당신의 말은 비이성적이고 불합리한 것으로 보인다. 그러므로 항상 어느 정도의 융통성을 유지하는 것이 중요하다.

개인의 힘 - 당신은 지도자를 위한 효과적인 전략을 알게 되었다. 훌륭한 지도자는 협조를 받기 위해 구성원들에게 때때로 영향을 줄 필요가 있다. 그러므로 한 발작 앞으로 나아가 한 개인과 지도자로서 당신 자신이 어떻게 해야 하는가를 생각해야 한다. 책임 있고 믿을 만한 지도자의 역할에는 한 개인이 행동해야 할 것과 하지 말아야 할 중요한 것이 있다.

첫째, 권위를 열정과 혼동하지 마라. 지나치게 감정적이지 마라. 감정은 열정을 파괴한다. 열정은 좋은 것이지만 자만심이나 권위를 과시해서는 안 된다. 지나치게 열정적인 지도자들은 믿음을 주지만 진실로 따르고 싶은 사람은 아니다.

둘째, 누구에게도 고함치거나 목소리를 높이지 마라. 이것은 당신에 대한 존경심을 잃게 한다. 당신이 자신을 다스리지 못하면 다른 사람들도 다스릴 수 없다. 당신이 다른 사람들을 제어할 수 없다면 사람들은 당신의 말에 귀를 기울일 이유가 없다.

셋째, 모두에게 경의를 표하라. 상대방을 무시하면 당신이 대단하고 중요하다는 것을 보일 수 없다. 오히려 당신은 미천해 보인다. 모든 사람에게 존경과 관심을 보임으로써 당신이 기본적으로 위대한 지도자가 될 카리스마를 갖게 된다. 이런 성과는 사람들이 얼마나 위대한가를 보여줌으로써 얻을 수 있다. 사람들은 자신을 훌륭하고 가치 있는 사람으로 느끼게 만드는 사람을 따른다. 위대한 지도자들은 사람들이 그런 것을 믿도록 직접적으로 가르치지 않는다. 그들은 사람들 스스로가 그것들을 만드는 법을 보여준다.

마지막으로, 두 명 이상 무리진 사람들은 긴장을 줄이는 공동의 목표를 향하여 함께 일하게 된다. 그러므로 내분이나 유대감의 결핍이 생기면 그들은 공동 이외의 것으로 관심을 돌린다.

인격이란 시장에서 살 수 있는 것이 아니다.
조금씩 쌓아 올리지 않으면 안 되는 것이다.
- 차몬드 -

27
상대를 쉽게
설득시키는
방법

- 세부사항으로 들어가기 전에 개요를 설명하라. 새로운 정보를 이해하도록 한다.

- 기대의 법칙을 이용하라. 당신이 정보를 기대한다는 것을 그에게 알리면 상대방이 빠르고 쉽게 이해할 것이다. 상대방의 이해와 기억이 대단히 증가할 것이다.

기대의 법칙을
이용하라

상대방에게 기대감을 갖는 일이다. ⒜ 수학 시험을 제대로 치르지 못할 거라는 말을 듣는 여학생 ⒝ 업무가 쉽고 간단한 게 아니고 복잡하고 어렵다고 생각하는 노동자 집단 ⒞ 복잡한 미로를 초등학교 수준이라고 들었을 때 더욱 빠르게 문제를 풀 수 있는 성인들, 이러한 사람들은 이해에 대한 기대감과 그런 것을 인정했을 때 강력한 역할을 수행할 수 있다. 자신과 타인들의 기대감은 정보를 이해하는 방법과 그 일을 수행함에 있어서 결과적으로 강력한 역할을 한다.

상대방이 무엇인가를 이해하기 바란다면 적당한 정보의 배경을 설명하고 나서 그것을 이해하길 기대한다는 사실도 알려야 한다. 그러면 그는 당신에게 쉽게 동조할 것이다. 뿐만 아니라 적극적으로 그의 용기를 북돋운다면 그 사실을 알고 이해하는 데 계속적으로 열정이 생길 것이다.

상대방에게 정보의 배경을
알려야 한다

상대방에게 당신의 입장을 설득시키고 그에게 당신이 바라는 행동을 유발시킬 수 있는 기술은 살아가는 데 있어서 필수적인 기술이다.

상대방에게 어떤 행동을 유발시키려면, 먼저 당신이 말하는 것과 요구하는 것을 그에게 정확히 이해시켜야 한다. 단순하게 같은 것을 되풀이하여 설명하는 것은 대단히 곤란한 결과를 야기할 수 있다.

이런 전략을 구체화하기 위해서는 누군가에게 당신의 주장을 일목요연하게 설명할 수 있는 기술이 있어야 한다.

상대방에게 정보의 배경을 알려야 한다. 이해하기 힘든 것을 쉽게 설명하려면 먼저 전체적인 그림을 설명하여 투시도를 제공할 필요가 있다.

상대방에게 개요를 알려주는 것은 상황의 배경을 이해시키는 일이다.

예를 들어보자. 당신이 어떤 의미를 이해할 때는 문장을 듣고 기억하게 된다. 박쥐, 가다, 날다, 어떻게, 어디로, 출발지, 절대로, 뜨거운, 굉장한, 암탉과 같은 마구잡이 단어 10개는 머릿속에 잘 들어오지 않는다.

그러나 10개의 단어로 된 적절한 문장은 이해하기가 훨씬 수월하다. "네 명의 소년이 구석방에서 세익스피어를 읽고 있다; The four boys were reading Shakespeare in the corner room." 이런 말은 당신도 쉽게 기억할 수 있다. 하지만 위의 마구잡이 10개의 단어들을 기억하는 데는 오랜 시간이 걸릴 것이다.

이처럼 말의 순서와 배경을 이해하고 서로 간에 연관이 있을 때 문장 암기가 훨씬 쉬워진다.

먼저 상대방이 개념을 이해하도록 만들지 않고 세부내용을 설명하는 것은 그림도 없이 퍼즐을 하는 것과 같다. 특별한 것에 관한 뚜렷한 이해가 없는 사람들은 더욱 자세한 그림의 개념을 가질 수 없다.

> 남을 설득하려고 할 때는 자기가 먼저 감동하고
> 자기를 설득하는 데서부터 시각해야 한다.
> - 토마스 칼라일 -

28
소수가
다수를
이기는 방법

- 당신이나 당신이 속한 그룹의 일원들은 대다수의 의견과 맞설 때 일관성을 유지해야 한다. 절대로 흔들리는 모습은 보이지 말라.

- 뻣뻣하고 독단적인 모습을 피하라. 상황에 관계없이 상대방이 이전과 같은 입장을 고수할 때 유연하게 대항하는 만큼 효과적인 것은 없다.

- 상대방의 입장을 분열시켜 정복하라. 누구나 절충을 할 때 자신의 입장을 고수하려 한다는 사실을 기억하고 상대방 입장의 경직성을 분열시켜라.

- 대다수의 사람과 불화를 빚으면 당신은 미움을 받는다. 그러므로 그들의 생각을 움직이기 힘들다. 당신은 상대방으로부터 이해를 구하기 전에 신뢰와 사랑을 구해야 한다.

- 논거나 증거가 될 만한 아무런 정보도 없이 상대방에게 마음을 바꾸라고 요구해서는 안 된다. 그러면 반감과 저항감만을 고취시킬 뿐이다.

- 아무 것도 얻지 못했을 때 당신과 같은 견해를 가진 외부 세력 중의 한 사람을 찾아 협조를 구하라.

일관성을
지켜라

먼저, 당신이나 당신의 그룹 일원들이 대다수의 의견과 맞서려면 어떤 경우에라도 일관성이 있어야 한다. 그러나 어정쩡하거나 상대편의 의견에 항복하려는 기미를 보여서는 당신이 의도한 효과가 감소할 것이다.

하지만 이 전략은 당신의 주장이나 입장에 대해 확신을 가지라는 것이지 아무런 근거도 없이 고집을 부리라는 말은 아니다. 따라서 당신은 당신이 왜 확신하고 있는지에 대해서 설명할 수 있는 준비가 되어 있어야 한다.

일관성이 상상력이 부족한 자들의 마지막 피난처다.
- 오스카 와일드 -

유연성을
보여라

당신이 만약 어떤 그룹의 일원이라면 뻣뻣하고 독단적인 모습은 피해야만 한다. 새로운 정보와 변화된 상황에서도 똑같은 입장을 고수하려는 사람들에게는 유연하게 대처하는 것이 효과적이다. 한 가지 완고한 자세를 고집한다면 당신은 고정적이고 경직되게 마련이다.

새로운 사건이나 독특한 상황이 닥치면 당신은 이런 것을 무심히 지나칠 것이 아니라 생각할 시간을(최소한 그러는 척이라도 해야 한다) 가져야 한다.

또한 "그것은 미처 몰랐던 아주 재미있는 생각이군요. 그 장점을 살리기 위해 시간을 좀 냅시다"라고 말한다면 상대방으로부터 아주 호의적인 반응을 이끌어낼 수 있을 것이다. 그러나 "아뇨, 아닙니다. 그게 아니지요. 전 싫어요! 이건 우리 입장이고 그건 당신네 입장이지요"라고 말한다면 절대로 기대했던 효과를 보지 못할 것이다.

분열시켜라,
그리고 정복하라

무언가의 문제를 해결하기 위해 절충을 할 때 사람들은 누구든지 조금이라도 자신들의 입장을 고수하려고 한다.

또한 다른 사람들이 당신의 아이디어에 반대했던 것을 상대방도 알게 되면 그 역시 더욱 가세해서 반대의 방향으로 기운다. 그러나 그가 자신만 혼자 다르게 생각한다고 느끼면 마음을 돌리기가 훨씬 수월하다. 그 뿐만 아니라 그룹 전체가 당신의 생각과 같다고 느끼면 그는 더욱 쉽게 동의한다.

그러므로 그가 그룹의 일원 속에서 용기를 갖게 하지 마라. 그리고 당신은 개인적으로 말하라. 그러면 언제고 상대방의 마음을 바꿀 수 있다.

새로운 측면을
보여줘라

상대방이 자신의 생각을 바꾸겠다는 태도를 보이면 그들에게 새로운 정보를 소개해야 한다. 이런 방법은 상대방이 새로운 기분으로 호의적인 결정을 내리게 하는 것을 보여준다.

직접적으로 상대방의 마음을 바꾸도록 하는 것보다 이런 방법을 쓰는 것이 훨씬 효과적일 수 있다. "당신의 생각을 이해합니다. 그러나 방금 새로운 사실을 알았습니다. 새로운 정보에 따르면 우리는 다른 방법으로 이 일을 할 수 있을 겁니다"라고 말해보라. 그러면 상대방은 자신의 생각을 다시 한번 의심하게 되고 결국에는 생각을 수정하게 된다.

작은 변화가 일어날 때 진정한 삶을 살게 된다.
- 레프 톨스토이 -

외부의 지원을
받아라

지금 아무도 자신의 의견을 바꾸려 하지 않는다면 당신은 어떻게 하겠는가?

어떤 소득도 얻지 못했을 때는 당신과 견해를 같이 하는 한 사람을 찾아 '사회적 증거법칙'을 만들어야 한다. 이렇게 하면 당신의 일원들은 자신들의 생각을 재평가하기 시작한다.

당신은 지지자를 찾는 것이 힘들다고 생각할지도 모른다. 그러나 그것은 별 문제가 되지 않는다. 그럴 때는 전문가를 찾아가라. 그것도 여의치 않다면 그 상황에 개인적인 이해관계가 얽혀있지 않으면서도 당신에게 동의할 만한 사람을 찾아라.

승산 없는 논쟁을 벌이고 있을 때 당신이 객관적인 관점에 서 있는 동의자를 내세우면 상대방은 자신의 입장을 다시 되돌아보고 수정할 수 있는 부분을 찾기 시작한다.

29
구성원들의
동의를
구하는 방법

- 내부의 분열은 외부의 위협에 대항할 때 저절로 사라진다는 것은 영구 불변의 진실이다.

- 당신은 경쟁자로서만이 아니라 협력하려는 이미지를 주는 것도 소중하다는 것을 명심하라.

외부의 위협은
내부의 결속을 가져온다

이런 현상은 사람들이 자신들의 삶과 정신에 반응하는 특성에서도 같이 일어난다. 정신 자체에 목표가 없을 때에는 걱정과 불안이 싹트며 스스로 분열이 시작된다. 그러나 표면으로 드러나는 목적을 분명하게 알 수 있으면 이런 분열을 없애기 위해 힘을 쏟는 것은 그다지 어렵지 않을 것이다.

당신은 이런 현상이 생활 속의 진리가 될 수 있다는 것을 생각해본 적이 있는가? 당신 자신의 분명한 목적을 알고 나면 기분이 좋아질 것이다. 그리고 그 일에 확실하게 집중을 할 수 있을 것이다. '사소한 일' 따위가 갑자기 하찮게 여겨지고 정말로 문제가 되는 것을 정확히 바라볼 수 있게 될 것이다.

반대로 집중할 것이 없는 정신은 그 자체로도 위기를 맞을 수 있다. 강력하게 집중할 수 있는 것이 전혀 없을 때 마음에는 불안과 공포가 싹트기 시작한다. 그러나 우리의 관심을 끌어들이는 흥미로운 것이 생기자마자 정신은 다시 평안해진다. 이것은 많은 사람들이 취미생활로 긴장을 푸는 이유이기도 하다. 초점을 외부적인 것에 두고 정신을 새로운 것에 완벽하게 집중하면 우리는 자신을 잊어버릴 수가 있는 것이다. 이것은 또한 사람들이 삶의 목적을 잃었을 때 도덕적으로 타락하거나 폐인이 되는 이유를 설명해주기도 한다.

외부적인 요인이 그들의 관심을 차지하지 않으면 정신은 그 자체가 변하기 시작한다. 그러나 일단 목적이 생기면 우리들의 관심은 외부로 표출된다. 위기에 처한 사람들이 재빨리 이 새로운 목표를 투쟁의 대상으로 삼는 것도 이런 이유에서이다.

당신이나 당신이 속한 그룹이 위기에 처했을 때 우리의 적이 무엇인가를 재빠르게 포착해야 한다. 적을 구성하고 그 적에 대항하는 과정 속에서 위기 극복의 묘약이 숨어 있음을 구성원들에게 이해시켜야 한다.

위에서 설명한 전략들은 당신이 평안해지고 화합과 협조를 유지하도록 도와줄 것이다. 그러나 그렇게 하는 동안 한두 사람의 개성이 다른 사람과 충돌할지도 모른다. 그럴 경우에는 다음과 같은 세 가지 규칙을 관찰하는 것이 중요하다.

첫째, 의견이 다른 동료들과 협정을 맺어라. 그러면 그들은 당신들과 대결하지 않고 공존할 수 있다. 목표가 일치하면 우리의 입장은 정신적으로 '적들에게 대항해야 한다'는 생각으로 더욱 확고히 발전된다. 나란히 공존하게 되면 통합과 협조를 유지하려는 최적의 분위기로 자연스럽게 발전한다.

둘째, 접촉하고 접근하라. 서로가 가깝게 지내고 끊임없이 접촉하라. 서로 겉으로 보이는 것만 보지 말아야 한다는 것을 마음에 새겨야 한다. 어느 정도의 친밀감을 표시하는 것은 최대의 협조를 받기 위한 기본이다.

셋째, 신체적으로 접촉하라. 사람의 감촉이 주는 힘을 절대로 과소평가하지 마라. 가능하다면 구성원들이 악수를 하거나 서로가 신체적으로 접촉할 수 있는 상황을 만들도록 노력하라. 신체적 접촉은 친밀감을 대단히 증가시킨다. 우리는 신체적으로 접촉한 사람과 관계하고 싶은 심리가 있다.

어디서 발생하든 불의는 세상 모든 곳의 정의를 위협한다.
- 마틴 루터 킹 -

30
상대방에게
협조를
받을 수 있는 방법

- 빠른 시간 내에 도움을 받길 원하면 그가 무언가에 열중하지 않았을 때 말하라. 당장 해야 할 일이 아니더라도 가능하면 빨리 부탁하라. 시간이 충분하다면 그는 도움을 줄 수밖에 없다.

- 그를 위해 무언가를 해주고 상호 법칙을 끌어내라. 시간과 관심, 또는 사소한 몸짓이나 칭찬조차 당신의 선물이 될 수 있다.

- 개인적인 책임감을 증가시킴으로써 무관심을 차단하라. 이것은 다른 어떤 사람도 당신을 도울 수 없다는 것을 상대방에게 알리는 일이다.

- 당신의 요구는 3가지 구성 요소를 포함해야 한다. (a) 특별히 당신이 원하는 것 (b) 당신의 부탁을 상대방이 기쁘게 느낄 수 있는 법 (c) 비교적 쉽게 그가 일을 성취할 수 있는 것을 포함해야 한다.

- 당신의 무능력이 빚어낸 상황이라면 그것이 아무리 어려운 상황일지라도 무관심을 받게 된다. 곤경의 원인이 당신 때문이 아니라는 것을 설득시키는 데 초점을 맞춰라.

- 당신을 돕는 일은 자신의 존재와 일관된 아이디어 때문이라고 그가 생각할 수 있도록 유도하라.

상대방이 거절할 때 영향을 받는
10가지 요소들

시간 - 부탁을 하기에 제일 알맞은 시간은 언제일까? 상대방이 행동을 취할 시간이나 협조 가능한 시간을 당신이 먼저 배려할 수 있을까?

시간이 다가올수록 당신의 걱정은 더욱 커지고 그가 꼭 행동해주어야만 하는 것이 현실이라면 협조를 얻기란 더욱 힘들어 진다.

당신이 급하게 도움을 원할 때, 상대방은 서두르거나 몰두하지 않는다는 연구 결과가 있다. 마지못해 협조하는 사람은 온 정신으로 열중하여 서두르는 사람과 극명하게 비교된다.

선물 - 당신은 종교 집단의 일원들이 공항의 통행인들에게 꽃이나 선물을 제공하는 것에 놀란 적은 없는가?

우리는 선물을 받는 대부분의 사람들이 헌금을 강요받는 듯한 느낌이라는 것을 알고 있다. 상대방에게 무언가를 받으면 우리는 그 사람에게 빚을 진 기분이다. 따라서 목표로 삼는 사람에게 무언가를 제공하면 협조받기가 상당히 수월해진다. 당신의 선물은 상대방에 대한 배려와 관심과 찬사의 뜻으로 나타날 수 있다.

무관심 - 상대방이 당신을 도와주길 진심으로 바란다면 다른 누구와도 그 일을 대신 해낼 수 없다는 것을 알려야 한다.

자기 이외의 다른 사람도 도울 수 있는 일이라 생각하면 그는 좋은 사람이 되려 하지 않는다. 즉 책임감이 줄어들고 도움을 주겠다는 도덕심이 없어진다.

분위기 - 당신은 부탁을 하기 전에 그의 기분이 좋아질 때까지 기다리는 배려를 해야 한다. 물론 이것이 필수적인 것은 아니다. 실제로 일을 하는 원동력은 약간씩 차이가 있으므로 전략도 상대방의 기분에 따라 달라지기 마련이다.

상대방이 기분 좋으면 당신은 분명히 보다 효과적인 도움을 받을 수 있다. 어떤 면에서 그는 당신의 부탁을 기분 좋게 느낄 수도 있다. 이것은 적극적인 감성이 모호하거나 도움의 결과가 불쾌해지는 무력감을 줄어들게 하기 때문이다. 우리는 기분이 좋을 때 그 분위기를 잃고 싶어 하지 않는다.

부정적인 감정 역시 기꺼이 도움을 주겠다는 의도를 증가시킨다. 기분이 나쁜 사람들은 무의식적으로 자신의 기분을 스스로 전환하고자 노력하므로 다른 사람을 돕겠다는 생각을 하게 된다. 남을 돕는 것은 확실히 기분이 좋은 일이기 때문이다.

어떤 사람이 당신에게 도움을 주고자 한다면 그것을 망설임 없이 고맙게 받아들여라.

당신이 비교적 쉽고 효과적으로 감정을 바꿀 준비가 되어 있다는 것을 그에게 보여주어라. 당신이 그들로부터 도움을 받는 행위는 그들의 호의적인 감정을 유발시킨다.

상대방이 기분이 나쁠 때 그에게 도움을 청해보는 것도 아주 좋은 방법이다. "이봐, 내가 조금 힘든 일에 처해 있는데 나 좀 도와줄래?" 라고 말해보라. 그러면 그는 정말로 기분이 좋아서 흔쾌히 당신의 부탁을 수락할 수도 있을 것이다.

상황 차이 - 당신의 상황이 무능력이나 무지에서 왔다고 생각하면 상대방은 당신에게 무관심할 수도 있다. 상대방이 당신의 처지를 공감하거나 또는 동정하지 않는다면 도움을 받기는 더욱 힘들어진다.

어떤 문제가 스스로 해결할 수 없는 것이라고 인식되면 당신이 도움을 받을 기회는 보다 증가하게 된다. 이것은 우리들 대부분이 병들고 상처 입은 동물을 열심히 도와주는 이유이기도 하다. 가까운 예로 개를 들 수 있다. 개의 고통은 개 스스로에 의한 것이 아니란 것을 알기 때문에 애처롭고 불쌍하다.

이와 대조적으로 대도시의 사람들은 거리 위의 집 없는 사람들을 지나칠 때 분명한 태도를 취한다. 그들은 스스로 자신들의 처지에 대해 생각할 수 있는 사람들이다. 스스로 생각할 수 있는 사람들이 어떻게 그토록 엉망일 수 있을까? 그래서 우리는 별로 동정이나 공감을 보내지 않는다.

그러나 한 사람이 스스로를 책임질 수 없을 때 우리는 공감을 느끼게 된다. 그리고 도움을 줘야 한다는 강한 욕망의 동기가 생긴다. 그러므로 당신이 도움을 원한다는 것을 알 수 있어야 상대방도 돕고 싶은 강한 욕망이 생기는 것이다. 이것은 스스로 찾은 상황이 외부적인 사건에 따른 것이고, 당신은 그 상황의 희생물일 경우이다.

유사성 - 사람들은 자신이 좋아하는 사람이나 반대로 자신을 좋아하는 사람을 더욱 많이 돕는 경향이 있다. 이것은 서로가 여러 면에서 비슷하다고 느끼기 때문이다.

내적 일관성 - 기억과 행동이란 '사람들이 자신의 유용성을 축적하거나 정보를 마음에 쉽게 받아들이는 것들의 결론'이라는 보고서가 있다.

예를 들어보자. 당신이 충동적으로 행동했던 때를 기억하라고 여러 번 질문 받았다고 하자. 그러면 비교적 쉽게 어떤 사건들을 회상할 수 있다. 그러면 당신은 일시적이나마 자신이 충동적인 사람이었다는 것을 깨닫게 된다. 그리고 당신은 행동하기 전에 세심하게 생각을 해야겠다는 결론을 내린다.

우리는 자기 자신을 어떻게 보느냐에 따라 각기 다르게 행동한다.

우리는 이 책의 처음부터 지금까지 사람들이 자신을 어떻게 보느냐에 따라서 행동하는 자아의 힘과 내적 일관성의 욕구들이 다르다는 것을 살펴보았다.

만일에 민감한 사람이 차분하고 느긋해지기를 원한다면 당신의 바람은 큰 문제가 되지 않는다. 당신은 원하는 결과를 얻을 수가 있다. 그를 혼자 있게 해보라. 그는 침묵하는 특별한 시간에 많은 것을 생각하게 됨으로써 일시적으로나마 차분한 사람이 될 수 있다. 이것은 자신의 정신 상태를 스스로만 채색할 수 있기 때문이다.

'백문이 불여일견'이라는 속담이 있다. 그가 사건을 기억하는 시간은 수없이 경험했던 시간들의 대용품일 뿐이다.

오랜 약속보다 당장의 거절이 낫다.
- 덴마크 격언 -

PART IV

다시는 속지 않고
이용당하지 않는다

세상 사람들은 자신들의 방식대로 말하고 행동하려 한다.
자동차 영업사원이 되었든, 데이트 상대가 되었든,
아니면 동료나 직장 상사가 되었든
당신의 최고 관심사나 당신 자신에 대해
제대로 알고 있어야 한다는 것이 대단히 중요하다.
당신 자신을 제대로 알고 있다는 것은
당신이 처한 상황이나 당신에게 주어진 입장을
당신의 주관대로 다스릴 수 있는 가능성이
높다는 것을 의미하는 것이다.

31
진실성이 의심될 때
대처하는
방법

• 몇 개의 테스트를 거치면 좋은 친구의 진정성을 확인할 수 있다. 60점 이하이면 그를 좋은 친구라고 생각하는 것을 재고해야 한다. 물론 우리 자신의 삶 속에 많은 일이 일어나고 있을 때 산만하고 무감각해지는 것은 피할 수 없는 일이다. 그러므로 객관적인 사실을 얻기 위해서는 위에서 제시한 여섯 가지 요소들을 가능한 한 자주 적용하여 친구와 당신의 관계가 올바른 것인지, 진정한 것인지를 평가하는 것이 바람직하다.

• 아무에게나 이 테스트를 하지 말라. 이 테스트를 하기 전에 먼저 당신이 테스트 하고자 하는 친구를 진실로 좋아하고 있는지를 스스로 면밀히 생각해보아야 한다. 그것은 당신이 테스트의 대상이 된다면 그 친구에게 어떻게 해야 할지를 역으로 체크해보는 행위이기도 하다.

상대방이 진정한 친구인가를
알기 위한 6가지 테스트

관심 - 친구가 당신의 삶에 얼마나 관심을 갖고 있는가를 알아내는 한 가지 중요한 기준이 있다. 그것은 친구의 관심을 테스트하는 것이다.

먼저 당신의 인생에서 중요한 일이 일어날 것 같다고 친구에게 말하라. 그리고 그가 무슨 일인가를 끝까지 알고 싶어 하는가를 살펴보라. 그런 반응이 없다면 나중에 전화를 걸어보아라. 그래도 반응이 없다면 이전에 그런 대화를 나누었던 사실을 친구가 여전히 기억하도록 암시를 줘라.

성실도 - 친구에게 비밀을 털어놓은 뒤 그의 행동을 주시하라. 진정한 친구들은 인간관계에서 신뢰의 가치를 존중한다. 그가 다른 사람에게 비밀을 전하는지에 따라 친구로 인정할 것인가를 확인하라.

자만심 - 누구라도 당신에게 격려의 말을 할 수 있다. 격려의 말은 기분을 좋게 한다. 그러나 그것이 의례적인 격려인가를 살펴보아야 한다. 질투심이 없는 사람이라면 단지 당신의 좋은 면을 부러워할 것이다. 진정한 친구들은 당신의 성공을 질투하지 않고 자랑스러워한다.

당신에게 나쁜 소식이 아닌, 기쁜 소식이 있을 때 친구를 보라. 일이 제대로 되지 않을 때 격려를 해주는 사람은 많을 것이다. 그러나 좋은 일에 진심어린 축하를 보낼 수 있는 사람을 찾기란 그리 쉽지 않다.

정직성 - 진정한 친구는 당신이 듣고 싶지 않은 것들도 말을 한다. 도움이 된다면 당신이 마음 상하는 것이라도 기꺼이 말하려고 한다. 진정한 친구라면 마음이 아프긴 하지만 당신에게 이롭다고 판단되면 기꺼이 하고 싶은 말을 할 것이다.

존경심 - 당신의 인생에서 아주 재미있고 흥분될 일이 있을 것 같은데 지금은 말할 수 없다고 친구에게 말하라. 그리고 친구의 반응을 살펴보라. 호기심과 관심에는 차이가 있다. 단지 알고 싶은 호기심이었다면 당신이 아니라 이야기 그 자체에 관심을 나타낼 것이다.

좋은 친구는 당신이라는 현재의 존재를 존중한다. 좋은 친구는 관심 때문에 때때로 당신의 말을 듣고 싶을 것이다. 그러나 당신이 그것을 지금은 말할 수 없다는 당신의 입장이 분명하면 집요하게 강요하지 않는다.

당신의 '비밀스러움'을 부정적이 아니라 긍정적으로 말하는 이유는, 좋은 친구라면 당신에게 잘못된 일이나 좋지 않은 일 정도는 관심으로 감지할 수 있기 때문이다.

희생정신 - 당신을 행복하게 만들 수 있다면 당신의 친구는 무엇이라도 포기할 수 있을까? 그는 당신의 행복을 위해서 자신의 즐거움을 희생할 수 있을까? 당신이 하려는 것을 그가 기꺼이 도울 수 있을까?

친구가 당신과 자신, 두 사람을 위해 서로에게 상처를 주지 않는 계획을 갖고 있는지, 그런 노력을 기울이는지, 아니면 자신만의 이익을 도모하는지를 지켜보라.

진정성을 갖고 해야 잘 할 수 있다.
- 공병호 -

32

상대방의
거짓말을
탐지하는 방법

- '넘겨짚기'를 적용하기 위해 단순한 증거를 말하고 그의 반응을 지켜보라. 진실을 말하고 있다면 당신의 말에 직접적인 지식을 준다는 것을 명심하라.

- 당신이 제시한 증거는 사실이 아니라 꾸며낸 말이다. 그러고 나서 얼마나 정확한 대답을 하는지 관망할 수 있다. 그가 대답을 주저하거나 화제를 바꾸면 진실한 대답으로 생각할 수 없다.

상대방의 거짓말을 간파할 수 있는 능력을 키워라

인생이란 거칠게 이야기하면 한정된 이익을 차지하기 위해 서로 속고 속이는 전쟁이다. 이것은 매우 안타까운 일이지만 결코 부인할 수 없는 현실이다.

삶의 질을 높이고 행복을 추구하기 위해서는 당신을 속이려는 상대방의 거짓말을 간파할 수 있는 능력을 키워야만 한다. 만약 다른 사람을 속이고 싶은 마음이 당신에게 없다면 적어도 당신 또한 다른 사람의 거짓말에 속는 일은 없어야 한다.

당신은 진실을 말하는 듯한 상대방의 이야기가 사실은 거짓말이 아닐까하고 의심해본 적은 없는가? 상대의 거짓말을 확인하고 싶은 적이 없었는가? 이 항에서 제시되는 기술들은 상대방이 하는 이야기의 진위나 거짓말의 단서를 즉각적으로 탐지할 수 있도록 도와줄 것이다.

여기에서 적용하는 기술을 임의적으로 '넘겨짚기'라고 부르기로 하자. 거짓말을 탐지하기 위해서는 먼저 증거의 실마리를 제시한 뒤에 그 실마리가 어떻게 작용하는가를 보아야 한다. 그 원리를 알면 당신은 단 한마디의 질문으로 거짓말하는 사람을 알아낼 수 있다.

넘겨짚기의
묘미

상대방의 진의가 의심이 갈 때, 혹은 거짓말을 확인하고 싶을 때는 어떤 상황에서든 이 기술을 적용할 수 있다.

신혼의 한 여자가 "친구들과 영화관에 갔다가 늦었다"는 남편의 말을 의심한다고 가정하자. 남자는 밤늦게 여자와 함께 있었던 것이 사실이다. 이럴 때 여자는 남편에게 정말로 영화관에 있었느냐고 단순하게 질문할 수 있다. 그러면 남편은 즉각적으로 그렇다고 대답할 것이다. 그렇다는 대답은 남편이 정말 영화관에 있었거나, 혹은 영화관에 없었더라도 자신의 이야기를 확고히 하기 위해서 나온 대답이다.

그녀는 남편이 하는 말의 진실 여부를 알 수 없다. 그러나 심리적 기술을 이용하면 간단히 남편의 진실을 캐낼 수 있다.

예를 들어보자. 여자가 남편에게 이렇게 묻는다. "영화관 밖에서 자동차사고가 나서 교통이 완전히 마비되었다면서요?" 이제 여자는 느긋하게 앉아 남편의 반응을 살펴볼 수 있다.

남편은 영락없이 '넘겨짚기'에 걸려들었다. 그가 영화관에 없었다면 사고 여부를 알 수 없을 것이다. 그러므로 그곳에 교통 혼잡이 있었다는 것에 동의한다면 아내는 남자가 그곳에 없었다는 것을 알게 된다.

남편이 '넘겨짚기'에 걸려들면 어떤 거짓말이라도 하려든다. 이때 대답을 결정하기 위해 그는 머뭇거린다. "교통 혼잡이라니? 무슨 말을 하는 거야?"라고 즉각적으로 말한다면 그가 영화관에 있었다는 것을 확신해도 좋다. 그러나 거짓말쟁이는 그곳에 없었기 때문에 그렇지 못하다. 그리고 자신의 행동과 동떨어진 대답을 한다. 그는 자동차사고가 꾸며낸 말이라는 것을 모르기 때문에 아내의 말에 동의를 하는 것으로 잘못된 대답을 하게 된다.

한 가지 거짓말을 참말처럼 하기 위해서는
항상 일곱 가지의 거짓말을 필요로 한다.
- 마틴 루터 -

33
나를 이용하려는
사람을
다스리는 방법

- 당신은 말 뿐만 아니라 그 말 속에 숨어 있는 메시지를 객관적으로 보고 들어야 한다.
- 거짓말 같은 말을 듣게 될 때는 잠깐 멈추고 상황을 재정비하라.
- 서두르거나 감정적으로 행동하지 마라. 사악한 자의 꼭두각시가 되지 않으려면 기다리면서 객관적인 사실을 모을 줄 알아야 한다.
- 자신의 노력과 희생 없이 상대방을 이용하려고 하지 마라.
- 서로에게 도움이 되도록 서로의 장점을 활용하라.

당신의 방심을 노리는 사람들을 만났을 때 그들을 효과적으로 다룰 수 있는 전략

인간사회는 기본적으로 경쟁사회이기 때문에 매우 이기적인 사회이다. 경쟁자를 이기기 위해서는 그를 헐뜯고 심지어는 그를 이용해야 한다. 상대방을 이용하는 자는 승리를 거두고 이용당하는 자는 삶의 전선에서 패배하기 마련이다.

어디를 가든 당신은 당신을 이용하려는 사람을 만나게 된다. 그럴 때 그를 이용하지는 못할망정 그에게 어이없이 이용당하는 일은 없어야 할 것이다.

당신의 해이와 당신의 방심을 노리는 사람들을 만났을 때 그들을 효과적으로 다룰 수 있는 전략을 소개한다.

사람들은 보통 여섯 가지의 계략으로 당신을 이용하려 들 것이다. 당신은 그런 불순한 계략을 뛰어넘어야 한다. 이 항에는 그런 계략을 간파할 수 있는 기술들이 들어있다.

당신은 이제 계략에 속지 않고 그들에게 다시는 이용당하지 않을 것이다.

말 속에 숨어있는 메시지를
객관적으로 읽어라

보통 당신을 이용하고자 접근하는 사람들은 당신의 양심에 호소를 한다. 그것이 여의치 않을 때는 협박을 하기도 하고 자아에 호소를 하기도 한다. 그뿐 아니라 공포와 호기심과 사랑 받고 싶은 욕망을 자극하기도 한다. 당신을 이용하려는 사람들은 당신의 사고를 논리적인 것에서 감성적인 것으로 바꾸려고 노력한다. 당신을 이용하려는 사람들이 구사하는 계략들을 살펴보면 다음과 같다.

양심에 호소 - "어떻게 그렇게까지 말을 할 수 있지? 나를 믿지 못한다니 속상해. 당신이 그런 사람인 줄 몰랐어." 당신을 이용하려는 사람들은 이런 식의 말로 당신의 양심을 자극한다.

협박 - "뭐가 문제지? 결심을 할 수 없다는 거야? 이런 일 정도도 할 배짱이 없는 거야?" 이런 협박은 당신의 소심한 성격을 건드리는 계략이다.

자아에 호소 - "당신이 현명한 사람이라는 것을 알아. 그러니 당신 앞에서 내가 무엇을 할 수 있겠어. 어떻게 내가 그럴 수 있겠어? 입맛만 다셔도 당신은 눈치를 챌 텐데." 이런 계략은 당신의 자존심 혹은 자아를 자극하는 방법이다.

공포 - "자칫하면 일을 몽땅 그르칠 뻔했어. 나는 네가 뭘 하는지 알고 싶어. 어떤 곳에서도 이보다 더 좋아질 순 없어. 이건 그 일을 하기 위한 너의 마지막 기회야. 왜 행복을 놓칠지도 모르는 위험한 생각을 하는 거지?" 이것은 실재하지도 않는 공포를 유발해서 당신의 판단력을 흐리게 하려는 계략이다.

호기심 - "이봐, 당신도 한 번 해보는 거야. 그냥 해 봐. 무슨 일이 생길 것 같으면 언제든지 돌아갈 수 있잖아. 대단히 재밌고 흥미진진한 게 모험 그 자체라니까. 해보지 않으면 아무 것도 모르지. 무슨 일이 일어날 줄도 모르고 미리 포기하면 반드시 후회할 거야." 호기심을 자극하는 것은 매우 단순한 듯하면서도 가장 당신이 넘어가기 쉬운 계략이다.

사랑받고 싶은 욕심 - "당신이 진정한 선수라는 것을 알아. 물론 다른 사람들도 그래. 우리를 위해 마음을 바꾸지 않는다면 다들 대단히 실망할 거야. 자, 어서! 뒤꽁무니 빼는 것을 좋아할 사람은 아무도 없어. 이제, 당신의 능력을 펼칠 수 있는 좋은 기회가 된 거야." 이것은 사랑을 받고 싶은 사람의 근본적인 욕망을 교묘하게 유발하는 계략이다.

34
허풍쟁이의
기를 죽이는
방법

•밖으로 드러내는 모습을 보면 즉각적으로 허풍쟁이를 선별할 수 있다.
허풍을 떠는 사람은 자신의 진심을 감추기 위해 언제나 과장된 언행을
하기 때문이다. 또한 허풍쟁이들의 논리에는 일관성이 결여되어 있다.

지나친 배짱과
과장된 행동

당신은 그들이 보이고자 하는 방법을 주시한다면 즉각적으로 그들의 정체를 파악할 수 있다. 도박사들은 승리를 위해 심각하게 게임에 응한다. 그는 진짜 좋은 카드를 갖고 있는 것일까, 배짱을 갖고 있는 것일까? 이런 경우에 허풍쟁이 도박사들은 자신이 소심하지 않다는 것을 보이려고 애를 쓴다. 그래서 서슴없이 판돈을 건다. 그러나 좋은 카드를 들고 있다면 과연 그렇게 할 수 있을까? 그렇다. 신중하게 생각한다면 그는 손에 든 카드를 확신할 수 없다는 듯이 서서히 게임에 응할 것이다. 이것은 그들이 진정으로 느끼는 것과 상반된 인상을 만들려는 것을 의미한다. 다시 말하지만, 허풍쟁이는 배짱이 두둑하다는 듯이 내기에 빨리 응한다. 하지만 카드가 좋으면 무언가를 생각하는 척 하며 실제로 잠깐 기다린다. 매사가 그런 식이다. 너무 빠르게 장담을 하면 그는 헛 배짱을 드러내는 것이 된다.

또다른 예를 보자. 법률회사의 한 직원이 확실한 지위를 허락하지 않으면 회사를 떠나겠다고 말한다. 이것은 단순한 위협일까, 진정일까? 그의 말이 진짜라면 이런 식으로 자신을 표현하지 않을 것이다. 그러나 과장된 자기표현이었다면 그가 허풍을 떠는 것을 쉽게 포착할 수 있다. 물론 이것은 회사에 있겠다는 장담이기도 하므로 사실

떠나기를 원하는 게 아니다. 그러나 어떤 요구도 하지 않는다면 그는 회사를 떠나려는 것이다. 그러므로 타당성을 따져보면 그는 회사를 떠나기보다는 머물겠다는 것을 강조하고 있는 것이 된다. 이렇게 확실한 지위를 허락하지 않으면 떠나겠다는 것을 과장되게 표현한다는 것은 진실이 아니라는 것을 허풍으로 표현한 것이다. 그가 회사를 떠나겠다는 태도가 진지하다면 거의 말을 하지 않고 자신의 입장을 과장해서 표현하지 않을 것이다. 이렇게까지 결심하는 것이 결코 즐거운 일이 아니기 때문이다. 오히려 그는 자신의 의견이 거절당하면 떠나야만 한다는 것을 알기 때문에 더욱 진지해질 것이다. 그러나 허풍을 떨고 있다면 떠나려는 것이 아니므로 어떤 것도 거절하지 않을 것이다. 이런 두 가지 태도는 완벽히 다른 입장이므로 그가 허풍을 떠는지 진정인지를 분명하게 판단할 수 있다.

이 행동 뒷면의 심리를 이해하려면 일반적으로 사람들이 스스로를 다루는 법을 알 필요가 있다. 자존심과 자만심이 강한 사람은 자신이 얼마나 위대한가를 세상에 드러내려 하지 않는다. 자신이 어떤 사람인가를 보상받기 위해 자만심을 거만에 가깝게 드러내는 자들은 바로 불안정한 사람이라는 것이다. 사실 그런 사람은 '거짓된 자신'을 보이려고 노력한다. 이것은 특별 상황에서도 마찬가지로 동일하다. 협상을 하면서 "나는 가야겠군. 당신은 내 말대로 해야만 해요. 난 이것에 찬성할 수 없소. 그렇지 않으면 나를 다시는 못 볼 거요"라고 말하는 사람은 어떤 곳으로도 떠날 수 없다. 그는 단지 허풍을 떠는 것뿐이다.

자신이 얼마나 신뢰받는가를 당신에게 말하는 사람은 불안정한 사람이다. 그러나 협상에서 다음과 유사한 말을 듣게 된다면 그는 성실하고 허풍쟁이가 아니라는 것을 알 수 있다. "그런 식으로 느꼈다면 미안합니다. 그렇게 기분 나쁠 일이 아닌 것 같군요. 제가 몇 가지 생각을 말하죠." 이렇게 말하는 사람은 앞으로 닥칠 일에 관심을 두는 허풍쟁이가 아니고 자신 있는 사람이라는 것을 기억하라. 허풍쟁이들이 다른 사람들의 이목에 사로잡히는 것과는 달리 그는 자신의 이미지를 어떻게 보일까에 별로 관심이 없다.

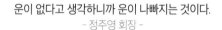

운이 없다고 생각하니까 운이 나빠지는 것이다.
- 정주영 회장 -

35
상대의
속마음을
간파하는 방법

• 의심스러운 상대방에게 심리학적 테스트를 즉각적으로 해보라. 그러나
  질문은 비난이 아니라 암시 조로 하라. 그리고 그의 반응을 주의 깊게
  살펴보면 그가 숨기고 있는지 아닌지를 즉시 알 수가 있다.

상대방에게 질문을 할 때에는
비난보다는 암시를 해야 한다

다른 사람에게 속임을 당하거나 이용을 당하는 인생은 행복할 수 없다. 다른 사람에게 속임을 당하는 당신의 인간관계가 지극히 불안하고 위험에 처해 있다는 명백한 증거이다.

이 심리적 기술들은 당신을 속이고 이용하려는 사람들의 마음을 간파할 수 있도록 도와줄 것이다. 우선, 상대방에게 질문을 할 때에는 비난보다는 암시를 해야 한다. 그러고 나서 그의 반응을 주의 깊게 살펴보아야 한다. 그러면 그가 숨기고 있는 것을 찾아낼 수 있다.

예를 들어 한 여자가 자신의 남편이 여비서와 보통관계가 아니라고 의심을 하고 있다. 그녀는 저녁식사 후에 남편에게 이렇게 말할 것이다.

"여보, 당신도 알죠? 우리 사장 말예요. 아무래도 여비서와 심상찮은 관계인 것 같아요."

이제 그녀는 남편의 반응을 관찰한다. 남편이 질문을 하면서 대화에 참여한다면 그는 같은 일을 저지르지 않는다는 것을 무리 없이 알 수 있다. 그러나 매우 불안해하며 화제를 바꾸려 한다면 그것과 유사한 행동을 벌이고 있다는 뜻이다. 그러면 아내는 그의 표정과 태도의 변화를 즉시로 알아낼 수 있다.

간단하고 솔직하게
질문을 하라

또다른 사례를 살펴보자. 판매사원인 여직원이 사무실 물품을 훔쳤다고 생각하자. 그럴 때는 솔직하게 질문해보라.

"회사 물건을 가져갔지?"

당신의 질문에 즉각적으로 방어를 한다면 그녀는 진실을 말할 가능성이 거의 없다. 죄가 없다면 그녀는 도둑질을 하지 않았다는 것을 당신에게 차분하게 말할 것이다. 그러나 그 일이 사실이라면 자신이 그러지 않았다고 극구 변명할 것이다. 그러므로 당신은 이렇게 간단한 질문을 할 수 있다.

"이 일을 처리하는데 나를 좀 도와줄 수 있겠어? 판매사원 중의 누군가가 회사 물품을 개인적으로 사용하려고 집으로 가져가는 게 신경 쓰이는군. 이런 일을 없애기 위한 좋은 아이디어가 없을까?"

그녀가 결백하다면 기꺼이 동조를 하며 자신에게 의견을 묻는 당신에게 기뻐할 것이다. 그러나 죄가 있다면 불안해하며 그와 같은 일은 절대로 없을 것임을 거듭 장담한다.

당신은 이 기술이 얼마나 효과적인지 아는가?

자, 한 예를 더 들어보자. 어떤 병원장이 한 의사가 근무 중에 술을 마신다고 의심을 한다. 그는 이렇게 말할 수 있다.

"닥터 최, 조언을 좀 해줘요. 다른 병원의 내 친구가 의사 한 명 때문에 골머리를 앓고 있어요. 근무 중에 술을 마신다는 거예요. 어떻게 해야 그런 의사를 제대로 다룰 수 있을까?"

같은 행동의 잘못이 있다면 그는 매우 불안해 할 것이다. 그러나 근무 중에 술을 마시지 않는다면 그는 당신의 질문에 기쁜 마음으로 대답하려 들 것이다.

당신이 누군가를 의심하게 되면 그에게 이와 같은 '유사각본'을 적용해보라. 그러면 모든 상황을 확실하게 판단할 수 있을 것이다.

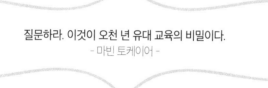

질문하라. 이것이 오천 년 유대 교육의 비밀이다.
- 마빈 토케이어 -

36
상대방의 진심을
털어놓게
하는 방법

• 상대방이 좋아하는 아이디어나 혹은 사람이나 물건 등을 알아낼 수가
있다. 어떻게 하면 개선할 수 있는지 상대방에게 단순하게 물어라.

상대방의 마음속을
엿볼 수 있다

상대방이 당신 자신과 당신의 생각과 당신의 목표와 당신의 약속을 어떻게 생각하고 있는가를 알기 위해 상대방의 마음속을 엿볼 수 있을까? 그것은 모든 사람들이 가지고 있는 인간의 근원적인 욕망이다. 하지만 그것이 전혀 불가능한 일만은 아니다.

누구나 가끔은 지금 관계하고 있는 상대방이 당신에게 진실을 털어놓지 않는다고 생각할 때가 있다. 이 기술은 어떤 상황에서든 사람의 진실을 알아내는 데 정확하고 매우 효용적인 수단이 될 것이다.

그가 말하는 것을 믿지 않으면서 솔직하게 그의 거짓을 탓하지 못하는 것은 그만큼 그와의 관계가 왜곡되고 뒤틀어져 있다는 이야기이다. 그러나 이 기술을 적용하면 상대방이 좋아하는 기호 혹은 취향이나 사람의 성격 등을 알아낼 수 있다.

상대방이 무언가에 대해 좋아한다고 말하면 절대로 강요하거나 압력을 주지 마라. 대부분의 사람들은 그렇기 때문에 일을 망친다. "그것을 좋아하는 게 확실해? 정말이야?"라고 묻는다. 어떤 사람들은 이럴 수도 있다. "저, 나는 그것을 이렇게 생각하는데…" 이런 식의 말은 그로 하여금 자신의 속마음을 철저하게 은폐시키게 할 것이므로 당신은 그의 생각을 알 수 없다.

일관성과 기대성의
중요성

여기에서 소개되는 기술은 당신이 응답을 받을 수 있는 말을 알게 한다. 또한 당신이 동의해야 할 것과 적절히 활용할 기회를 알게 할 것이다. 이때 필요한 두 가지 주요 심리학적인 전술은 일관성과 기대성이다. 일관성은 인간 행동이 연속적인 사고를 필요로 한다는 것이고, 기대성은 사람들이 가끔씩 자신들에게 무언가를 기대하며 행동하는 것을 말한다. 이런 두 가지 개념은 다른 항에서도 자세히 다루고 있다.

사례 1 - 새로운 마케팅 캠페인을 위한 당신의 아이디어를 동료가 정말로 좋아하는지 알 수 없다. 그 사람은 이렇게 말한다.

질문자 : "내 새로운 아이디어 개념을 좋아합니까?"

대답자 : "그럼요. 아주 원리적이에요."

질문자 : "제 아이디어의 무엇을 좋아하게 되었나요?"

사례 2 - 아들이 이번 여름캠프를 정말로 기대하는지 알고 싶다.

질문자 : "다음달 캠프는 흥미 있겠지?"

대답자 : "예. 재미있을 거 같아요."

질문자 : "정말로 흥미 있으려면 어떻게 해야 할까?"

이런 질문은 사람들로 하여금 정직하고 편안하게 대답하도록 한다. 당신의 질문은 이 세상에 완벽한 것은 없다는 것을 분명히 밝히고 있기 때문이다. 자신의 것을 좋아하도록 압력을 가하지 않는다면 앞에서 말하는 것처럼 자연스럽게 대답을 전개해 나갈 것이다. 그것은 그들의 진심이지 단순한 임기응변이 아니다.

당신은 정말 그 사람이 생각하는 것을 알려고 노력하는가? 그러나 그 사람이 좀처럼 남의 흠을 잡으려 하지 않는다. 하지만 이것은 문제될 게 없다. "당신은 그런 것을 왜 했어?", "왜 그 사람이 인상을 쓰지?"라고 묻는 대신에 "당신은 그런 것을 어떻게 했어?", "당신이 어떻게 달라지게 했지?"라고 물어야 한다. 이런 질문은 상대방으로 하여금 스스로 잘못을 깨닫게 한다. 그리고 당신에게 좀더 좋아질 수 있는 방법을 질문하게 된다. 그러면서 당신은 그에 대한 상당한 정보를 얻을 수 있다.

> 진심에서 나오는 말은 마음을 움직이고,
> 양심에서 나오는 말은 마음을 꿰뚫는다.
> - 윌리엄 펜 -

37
스스로
비밀을 고백하게
만드는 방법

- 상대방에게 먼저 당신의 비밀이나 속마음을 말하라. 당신이 상대방에게 자신에 대한 이야기를 하면 상대방은 당신에 대하여 심리적으로 친근감을 느낀다. 게다가 그와 함께 개인적인 것을 공유하고 싶은 마음이 싹튼다.

- 상대방에게 특별한 것이 아닌 일반적인 신념이나 믿음들에 대한 견해를 물어라. 그의 신념의 장단점에 대해 다투거나 논쟁을 해서는 안 된다. 당신도 같은 견해를 갖고 있다고 공감을 표시해라. 이때 심리적 연대감은 증가하게 된다.

- 상대방이 자신의 감정에 대해 말하도록 하는 것은 무의식적으로 그가 당신을 의지해서이고 마음을 열고 함께 하도록 강요하는 것이다. 이것을 적용하기 위해서 상대방의 상황 자체가 아니라 그 상황에 대해 그가 어떻게 생각하는가에 초점을 두도록 만들라.

- 적절할 때에 당신에게 말할 수 있도록 지속적인 친절을 베풀어라. 이 전략은 가장 궁극적이고 안전한 방법이다.

- 상대방이 실수나 잘못을 저질렀을 때에 그를 위로하라. 위로를 받을 때 상대는 가장 쉽게 마음을 열고 당신에게 의지하게 된다.

연대감을
느끼게 하라

당신이 유난히 입이 무겁고 과묵한 사람과 대화를 하는 중이라면 다음과 같이 접근하도록 하라.

먼저 그가 믿고 있는 신념들, 예를 들면 하나님이나 부활이나 낙태와 같은 것들에 대해서 관심이 있다는 것을 나타내라. 그는 자신이 믿고 있는 것들이기 때문에 분명히 쉽게 입을 열 것이다. 그러는 과정에서 그는 지극히 개인적인 것을 스스로 털어놓게 된다. 왜냐하면 신념이라는 것은 결국 자신의 은밀한 경험과 밀접하게 관계되는 것이기 때문이다. 즉 자신이 누구이며 자신의 순수한 의식 등, 비밀 이상의 것들을 털어놓게 되는 것이다. 그리고 결과적으로 이것은 당신을 믿고 연대감을 느끼도록 만든다.

우리가 누구인가라는 주체성은 우리가 무엇을 하느냐가 아니고 무엇을 믿느냐와 더욱 밀접한 관계가 있다. 신뢰를 받을 수 있는 비결의 문은 이렇게 의외의 곳에서 무방비 상태로 쉽게 열릴 수 있다.

상대방이 어렵게 입을 열어 자신의 신념이나 견해를 밝힐 때 그것의 가치나 진실 여부에 대해서 논쟁을 벌여서는 안 된다. 오히려 그의 말에 공감을 표시하고 계속해서 듣고 싶다는 의사표시를 해야 한다. 이럴 때 비로소 심리적 연대감은 의미 있는 증가를 하게 된다. 상대방은 자신의 감정에 초점을 맞춰서 말할 것이고 타인에게 자신의 이야기를 들려주는 재미를 알게 될 것이다. 이 점은 매우 중요하다. 타인에게 자신의 이야기를 들려줄 때 재미를 느낀다는 것은, 그것이 일회성으로 끝나지 않고 앞으로도 지속적으로 이루어지게 될 것이라는 가능성을 의미하는 것이기 때문이다.

상대방이 자신의 감정에 대해 생각하고 이야기하도록 하는 것은 무의식적으로 그가 당신을 의지하고 존중하기를 강요하는 것과 같다. 따라서 이것은 매우 미묘한 문제가 될 수도 있다. 당신이 적절하게 분위기를 유도하지 못하면 이야기를 하던 도중 상대방은 자신이 굴욕을 당하고 있다고 생각할 수도 있다. 그런 것을 방지하기 위해 당신이 염두에 두어야 할 것은 상대방이 이야기하는 상황 자체 보다는 그 상황에 대해 어떤 감정을 가지고 있는가에 더 비중을 두고 살피는 것이다.

또 하나, 구걸하지 말 것을 절대로 잊어서는 안 된다. 당신이 상대방에 대해 알고 싶은 욕망은 막연한 호기심이 아니라 지속적인 관심이라는 것을 알려야 한다. 그에 대한 당신의 관심은 그를 알고 싶고, 그를 좋아하고 싶어 하는 것에서 출발해야 한다. 당신은 이것을 분명히 깨닫고 숙지해야만 한다.

마지막으로, 당신이 그에 대해서 보다 폭넓은 정보를 얻고 싶다면 일상생활 속에서 자주 접하면서 도움을 베풀도록 하는 것이 중요하다. 이것은 매우 근본적이고 궁극적인 방법이다.

사람들은 자신에게 도움을 베푼 사람을 잊지 못한다. 그것이 아무리 사소한 도움이었다 하더라도 상대는 매우 강렬한 인상으로 도움을 준 사람을 기억한다. 상대방을 지속적으로 관찰하다가 상황에 맞는 구체적인 도움을 준다면 상대방은 심리적으로 당신에게 의지하고 싶다는 생각을 할 것이다.

상대방에게 어떤 방법으로라도 기꺼이 도울 수 있다는 사실을 알려라. 구체적인 도움과 그에 대한 호의적인 의지가 결합하면 상대방은 마음을 열 것이다.

비밀을 듣는 것은 쉽지만 자기 속에 간직해 두기는 어렵다.
- 탈무드 -

위축된 심리를
회복시키는 기능

사람이 자신의 마음을 열고 타인에게 의존하고 싶어 하는 마음이 가장 강하게 들 때가 위로를 받을 때이다.

한 가지 사례를 살펴보자. 당신의 상대가 잘못이나 실수를 했다고 가정하자. 그러면 상대방은 당신이 자신을 혹시 미워하거나 싫어하지 않을까 고심할 것이다. 이때 당신은 아무런 판단도 하지 말고 누구나 그와 같이 실수와 잘못을 할 수 있다는 사실을 말해야 한다. 당신 자신이 저질렀던 실수나 잘못을 인정한다면 매우 놀라운 효과를 거둘 수 있을 것이다. 상대방의 심리가 위축되었을 때 그것을 위로하면서 틈을 파고들면 좋은 결과를 얻을 수 있다.

하지만 그가 완강하게 자신의 마음을 닫고 속내를 털어놓지 않을 때에는 조금 더 강한 자극을 줄 필요가 있다.

자신이 저지른 실수 때문에 괴로워하고 있는 그에게 다가가 다음과 같은 말들을 해보라. ⓐ "당신이 그렇게 해야 한다고 느꼈다면 그렇게 할 수밖에 없었을 거야. 아마 나라도 그렇게 했을 거야" ⓑ "정신 나간 사람이 아니라면 이유도 없이 그럴 사람은 없지. 그러니 당신은 그럴 사람이 아니야" ⓒ "당신은 그 순간 그럴 수밖에 없어서 그런 일을 했어. 그때는 당연했겠지. 그러니까 당신이 그랬던 거야.

당신은 해야 할 것을 한 거야. 그렇지 않아?"

이런 간단한 말들은 그의 방어를 약화시키고 위축된 심리를 회복시키는 기능을 한다. 상대는 결국 당신을 의지하고 신뢰하여 속에 있는 마음을 털어놓게 될 것이다.

> 군자는 작은 일에서는 진가를 알 수 없으나 큰 일은 맡을 수 있고,
> 소인은 큰 일은 맡을 수 없으나 작은 일은 잘 할 수도 있다.
> - 공자 -

38
무한경쟁에서
이길 수 있는
방법

- 적과 경쟁할 때 가능하다면 이점이 많은 자신의 홈그라운드를 택하라.

- 적보다 당신이 우세하다고 느껴지면 다른 사람들이 지켜보게 하라. 그러나 자신감이 결여될 때는 사람들이 없을 때를 택해 경쟁하라.

- 성과를 높이기 위해서는 당신의 성공을 의심해서는 안 된다. 성공을 확신할 때 이상적인 상태에 이를 수 있다.

- 절대로 두려워하지 말라. 그리고 자신이 아니라 객관성에 초점을 맞춰라.

- 정신적으로 원하는 결과와 성과를 항상 되새겨라.

- 언제나 후퇴할 계획을 세워라. 당신의 전략이 맞지 않으면 이내 새로운 계획으로 연결되어야 한다는 것을 명심하라.

- 기대를 예측할 수 없게 하고 방심하여 허점을 노출시키지 마라. 당신의 당당한 작전은 적의 균형을 잃게 만든다.

완벽한 심리적
전사가 되는 비결들

성공의 연상 작용 - 우리가 앞에서 말했듯이 연상 작용은 최면술에서 비현실적인 사건이나 감각과 연관지어 자주 사용하였다. 연상 작용은 이미지, 소리, 이름, 맛 등의 특별한 감정이나 감성과 자극 사이에 연관이 있다. 즉 이미지, 소리, 이름, 맛 등은 아주 구체적인 연상을 가능하게 한다.

우리는 어느 한 가지에만 특별히 반응하는 사례들을 발견할 수 있다. 보드카를 많이 마셔 속을 앓은 적이 있는 사람은 보드카의 냄새를 맡을 때마다 다시 그 병과 고통을 상기시킬 것이다. 또한 라디오에서 흘러나오는 어떤 노래는 몇 년 동안 생각하지 않았던 한 친구를 회상하게 한다. 이런 것들이 모두 연상 작용이다. 같은 식으로 무대 위의 최면술사는 사람들의 눈을 속여 자신의 손을 자르는 척 할 수 있다. 사람들은 천성적으로 연상 작용을 일으킬 수 있는 능력을 가지고 있기 때문이다. 그러므로 당신의 일상생활에 연상 작용의 효과를 적용할 수 있다. 연상 작용은 흔히 정신적으로만 작용되는 것으로 알고 있는데 그것은 사실이 아니다. 연상 작용은 육체적인 면, 그러니까 당신의 행동에서도 나타나는 현상이다.

당신이 테니스를 하고 있다고 가정하자. 당신은 원하기만 하면 언제나 좋은 공을 칠 수 있다. 단순히 자신에게 짤막한 한 마디를 되풀이하거나 손을 빠르게 흔들어 보아라. 그러면 자세가 잡히고 좋은 스트로크를 할 수 있다. 이것이 행동의 연상 작용이다.

최적의 상태를 만들고 싶을 때 자기 자신에게 간단한 말을 하거나 몸짓을 되풀이하라. 두뇌는 늘 최적의 상태일 때로 돌아갈 준비를 하고 있다. 때문에 당신은 언제든지 정확하게 최고의 정신 상태나 신체적 행동으로 돌아갈 수 있다. 자신의 상태를 필요할 때마다 최적으로 스스로 조절할 수 있게 되는 것이다.

성과를 이루고자 할 때마다 당신의 상태를 계속 연상하라. 그리고 최대의 효과를 올리고 싶을 때마다 그 연상 작용에 박차를 가하라.

초점 - 인간 본성에 관하여 부인할 수 없는 사실이 있다. 그것은 난관에 부딪힐 때 겪는 두려움이다. 당신이 초점을 두어야 할 것은 어떻게 앞으로 나아가느냐이다. 이때 절대로 두려움을 가져서는 안 된다. 모든 중요한 전쟁은 마음의 동요와 갈등으로부터 시작한다. 당신이 정신적으로 준비한 것을 느끼지 못한다면 아직 행동으로 옮기지 말고 좀더 여유를 가져야 한다.

이상적인 상태 - 마음의 이상적 상태는 자신을 객관적으로 볼 수 있을 때이다. 이것은 당신이 관심 있는 것들에 무관심해지고 자신에 대해 고찰하지 않도록 도와준다.

이렇게 객관적인 것에 몰두하면 '나'나 '자아'는 사라지고 자신의 목적을 엄격하게 추구할 수 있다. 자기 자신의 마음 상태가 아닌 일의 결과에만 초점을 둘 수 있을 것이다.

정신훈련 - 이상적인 상태를 그려서 이해하고 느껴라. 그것이 이루어지면 정신훈련은 실제적인 훈련만큼 효과를 볼 수 있다.

당신이 하고 싶은 완벽한 이미지를 얻을 수 있도록 당신의 마음을 이용하라. 당신은 어떤 소리를 듣고 어떤 장면을 볼 수 있는가? 다른 것들에는 어떻게 작용하는가? 그들은 당신을 어떻게 보고 있는가? 실체가 전개되길 바라는 방법을 완벽한 그림으로 정확히 그려보라. 당신은 눈으로 보기 전에 마음속에 있는 것을 스스로 연결해보아야만 한다.

언제나 차선책을 준비하라 - 차선책을 효과적으로 준비하면 당신의 관점이 건전해질 뿐 아니라 성공할 기회도 증가할 것이다. 이렇게 차선책을 준비하는 것은 물론 원래의 계획이 차질을 빚을까를 대비해서이다.

원래의 계획을 실행하기가 불가능해지면 포기하지 말고 준비된 차선책을 택해야 한다. 공격을 하는 동안 자신의 전략이 어딘가 잘못되었다면 언제나 유연한 대처 방식으로 계속 앞으로 나아가야 한다. 계획했던 일이 어떻게 되든 언제나 앞으로 나아갈 수 있음을 기억하라.

승리의 고지를 향한
심리 적용하기

편안한 곳에서 상대를 맞이하라 - 악어와 사자가 싸우면 어느 것이 이길까? 물론 싸우는 곳에 따라 결과는 다르게 나타날 것이다. 가능하면 자기가 사는 곳에서 싸워야 유리하지 않을까? 익숙한 환경이라면 당신은 편안하고 적은 불편할 것이다. 가능한 한 사건이 발생할 수 있는 장소에서 미리 시간을 보내라. 그러면 경기에 임하는 당신의 마음이 좀더 편안해질 것이다.

자신감이 없을 때는 지켜보는 사람이 없게 하라 - 당신이 아직 자신감이 부족하고 업무에 숙련이 되지 않았다면 다른 사람들이 지켜보는 가운데 일하지 말라. 그것은 용기 있는 행동으로 보일 수 있으나 결과는 오히려 좋지 않을 수가 있다.

당신보다 숙련된 사람과 경쟁을 할 때는 주변에 사람들이 없어야 한다. 그러나 당신이 더 유능하다면 주변에서 사람들이 지켜볼 때 경쟁을 하라. 그것은 당신이 일을 더욱 잘할 수 있도록 도와줄 것이고, 그럴수록 상대의 열등한 능력은 보란 듯이 두드러질 것이다.

상대를 산만하게 하라 - 역사상 가장 위대한 전사이자 전략가 중의 한 사람인 손자는 이렇게 말했다. "기대를 예측할 수 없게 하고 조짐도 보이지 말라." 속이고 놀리는 것은 적을 교란시키는 아주 중요한 방법이다. 각기 다른 작전을 펴면 적군은 균형을 잃게 된다. 이것은 신경전이 가장 팽팽할 때 쓰는 작전이다.

정신이 산만하면 적은 집중하기가 힘들어진다. 그릴 때 당신은 당신이 마음먹은 대로 적극적인 공격과 소극적인 방어를 할 수 있다. 공격을 할 때는 속도를 늦추지 말아야 한다. 그래야 적이 정신을 차리지 못한다. 하지만 지나치게 긴장하는 것은 금물이다. 연속된 긴장은 정신적으로나 또는 육체적으로 기운을 빠지게 만들기 때문이다.

성공한 사람이 아니라 가치 있는 사람이 되려고 힘써라.
- 알버트 아인슈타인 -

39
도박이나 게임으로
몰락하지 않는
방법

- 당신이 게임에서 이기고 있을 때 흥분해서 즉각적으로 더 많은 것을 걸게 되면 위험이 다가오게 된다.

- 이기고 있을 때에도 멈출 때를 생각하라. 그렇다고 너무 일찍 후퇴를 결정해서는 안 된다.

- 결정적으로 불리한 상황이 왔을 때에만 즉시로 멈추고 자신을 재정비하라.

- 두려울 때는 어떤 결정도 내리지 마라. 두려움은 생각을 흐리게 하고 부정적인 결과에 초점이 맞춰진다.

- 이기려고만 할 때는 지게 마련이다. 당신은 연승에 초점을 맞추기 때문에 객관적일 수 없다.

- 행동을 취하기 전에 자신을 객관적으로 만들 수 있는 상태를 유지하라.

사람은 스스로
몰락하지 않기 위해 위로한다

여기에 도박사 A가 있다고 가정하자. 그는 10달러를 내기에 걸고 그것을 잃었다. 그리고 두 번째 게임에서도 또다시 10달러를 잃었다. 이번엔 20달러를 걸었는데 또 잃었다. 그리고 30달러를 또 걸었다. 그는 이렇게 액수를 계속 올리다 더욱 많은 돈을 잃었다. 도박사는 자신이 잃은 돈을 한 번의 내기에서 만회하려고 계속 그 패배의 추적자가 된 것이다.

다시, 도박사 B가 있다고 가정하자. 그는 10달러를 내기에 걸고 게임에 졌다. 그리고 이후 또다시 10달러를 내기에 걸고 게임에 졌다. 그리고 이후 또다시 10달러를 잃었다. 그러자 그는 계속 질 것을 두려워해서 내기를 5달러로 줄였다. 그렇다면 이 방법이 과연 훌륭한 작전일까? 그렇지 않다. 그는 절대로 게임을 이길 수 없을 것이기 때문이다. 만일 운이 좋아 5달러 내기에서 이기더라도 아직 잃은 돈이 많기 때문에 더 많은 돈을 걸었어야 했다고 후회를 할 것이다.

사실, 그는 일부분만 잃었다는 것에 안도할지도 모른다. 비록 내기에서 지긴 했지만 스스로가 액수를 낮춘 것이 정당할 수 있기 때문이다.

두려운 상태에서는
어떤 결정도 내리지마라

카지노장에 수백만 달러짜리 호화 샹들리에가 켜져 있는 것은 정부의 보조가 있어서가 아니다. 그것은 도박사들이 게임을 중단해야할 때를 모르기 때문에 그렇다고 할 수 있다. 당신이 오래도록 게임을 하면 할수록 업소는 더욱 호화스러워질 것이다. 계속해서 내기에 지게 되면 결국에는 게임을 멈출 수밖에 없을 것이다. 하지만 승승장구를 하고 있을 때 과연 게임을 멈추는 것이 가능할까? 특별한 이유가 없는 한 그럴 수 없을 것이다. 결국은 돈을 잃고서야 당신은 겨우 멈출 수 있을 것이다.

당신이 게임에서 지고 있을 때 어떻게 하는 것이 과연 옳은 일일까? 당신이 지고 있을 때라면 아무리 싫더라도 게임을 멈춰야 한다. 그러나 이기고 있다면 게임의 양을 전체적으로 조금씩 증가시키는 것이 훌륭한 전략이다.

그런데 게임에서 눈여겨보아야 할 재미있는 사실이 하나 있다. 즉, 실패하는 게임은 대부분 두려움이 원인이 된 경우가 많다는 것이다.

두려워하는 상태에서 내리게 되는 결정은 논리적이지 않고 감정적이다. 이것은 결국 당신이 게임에서 질 수밖에 없다는 것을 설명한다. 그러므로 마음이 두려울 때는 절대로 결정을 하지 말아야 한다.

또한 이기려고만 하면 오히려 잃을 수 있다. 당신은 결과가 아닌 게임의 과정에만 열중해야 한다. 최적의 정신 상태는 완전히 객관적이면서 감정적이지 않고 초연할 때이다. 잃어서는 안 되는 돈으로 게임을 하고 있다면 결정을 내리는 과정에 감정의 요소를 제거하기가 불가능하다.

그렇다면 당신이 그렇게 완벽한 순간을 유지할 수 있을까? 그것은 그리 쉽지 않은 일이다. 초연한 행동을 취할 때는 바로 당신 자신조차 깨닫지 못할 때이기 때문이다. "근심하는 자는 이길 수 없다"는 말이 있다. 두려움이 생기면 자신감이 생길 때까지 기다리는 것이 상책이다. 그런 기분이 들지 않으면 게임을 시작하지 말아야 한다.

게임을 할 때의 모든 전략은 실제 세상살이에서의 상황을 처리하는 법과 거의 동일하다. 그러므로 감정에 치우치지 않고 객관적인 전략을 이용하면 훨씬 더 승산이 있다.

40
인간관계에서
세상의 중심에
설 수 있는 방법

- 사람들은 가질 수 없는 것을 원한다. 즉 노력이 필요한 것을 간절히 원한다. 쉽게 얻은 것은 가치 있게 생각하지 않는다.

- 조화를 잃은 삶을 살고 있다면 사람과의 관계를 보는 관점도 왜곡될 수 있다. 조화는 당신에게 균형감각을 주고 균형감각은 인간관계에 있어 보다 나은 결정을 하도록 한다.

- 모든 의심이 사라질 때 비로소 상대방은 당신을 받아들일 수 있다. 상대방에게 당신이 가지고 있는 감정에 대한 확신을 주어라.

- 파트너는 당신이 자신에 대해 어떤 느낌을 가지기를 고대한다. 상대방에게 당신의 감정을 느끼게 하라. 그러면 상대방도 당신에 대해 새로운 감정을 가지게 될 것이다.

균형 감각을
가져라

인간관계에는 균형 감각이 필요하다. 인생에 있어 한 가지만 부족해도 그것에 대한 가치와 중요성을 과장하고 왜곡하는 경향이 있다. 외면적인 인간관계에서 인생의 의미를 발견해야 한다면 당신이 관계하는 사람이 당신의 전부를 의미하지는 않는다. 인간관계뿐만 아니라 인생의 다른 분야에서도 만족감을 느끼는 것이 중요하다. 그러면 당신의 삶도 분별력 있게 균형감각을 유지할 수 있을 것이며 만족과 행동의 유일한 근원을 상대방의 애정에 의존하는 것으로 생각하지 않을 것이다.

데이트를 하면서 파트너에게 지나친 관심을 기울이지 않는 것은 당신으로 하여금 상당히 균형감각을 잡을 수 있게 한다. 그것은 '이 사람은 나에게 유일하다. 그를 갖지 못하면 세상이 끝난다'라고 생각하지 않기 때문이다. 이런 태도는 '좋아, 무슨 일이 일어나나 보자. 나를 싫어하거나 좋아하거나 둘 중에 하나겠지'라고 생각할 수 있게 만든다.

이런 태도와 유사한 행동은 실제로 당신을 더욱 매력적으로 만든다.

이용의 가치를
살펴라

사람들은 누구나 가질 수 없는 것을 원하기 마련이다. 그러므로 상대방이 언제든지 당신을 이용할 수 있도록 하는 것은 실제로는 당신의 가치를 손상시키는 일이다. 이것은 속임수나 장난이 아니라 인간 행동의 일반적인 양상이다.

매력이란 고정된 가치가 아니다. 이것은 상대방이 당신의 정체나 외모가 아닌, 당신의 행동으로 당신을 판단한다는 뜻이다.

희소성의 법칙은 인생의 모든 영역에서 다 통용된다. 특히 인간관계에서는 더욱이 그렇다. 풍부한 것은 과소평가하고 드문 것은 고귀하고 소중하게 생각한다.

전혀 관심이 없는 사람과 데이트 중이라면 당신은 자신이 편리할 때를 이용하는 것이다. 만약 좋아하는 사람과 데이트 중이라면 당신은 자신을 언제든지 이용할 수 있도록 하고 있는 것이다. 그러므로 당신이 진정한 관계를 맺고자 한다면 그 반대로 행동해야 한다.

이것은 당신이 별로 좋아하지 않는 사람과 데이트를 할 때는 하루에 두 번씩 전화를 걸어 당신들의 관계가 어떤 것인지를 묻고 간섭하되, 당신이 정말 좋아하는 사람에게는 그런 짓을 하지 말라는 뜻이다. 그런데 당신이 싫어하는 사람에게 귀찮은 짓을 하면 그는 곧 기겁을 하고 도망칠 것이므로 이 문제는 저절로 해결된다.

잠깐! 1항에서 상대방이 당신을 좋아하도록 만들고, 이용 가치가 있게 만들 필요가 있다고 말했다. 그래야만 당신의 매력이 증가하기 때문이다.

그렇게 되면 희소성의 법칙에 모순되지 않는가? 여기에서 오해가 자주 생긴다. 상대방이 당신을 좋아하길 바란다면 당신 역시 그와 진정한 친구가 되고 싶은 경우이다. 이것은 좋아한다는 것이 모든 인간관계의 기반임을 말하는 것이다.

모든 언행을 칭찬하는 자보다 결점을 친절하게
말해주는 친구를 가까이하라.
- 소크라테스 -

열정을
가져라

인간관계가 성공하고 실패하는 중요한 이유는 의외로 단순하다. 사람은 자신에게 주어진 것에 대해 만족할 수가 없다. 즉 자신의 삶에 대하여 근본적으로 회의와 불만을 가진다. 사람들은 언제나 가지고 있는 것에 만족하지 않고 더욱 많은 것을 원한다.

당신도 지금 가지고 있는 것에 감사하지 않고 있다면 만족하는 것에서부터 시작해야 한다. 만족이 없으면 당신은 더 이상 감사할 수 없다. 당신이 감사할 수 없다는 것은 곧 즐거움이 없다는 것이기도 하다.

인간관계도 마찬가지이다. 상대방이 당신이라는 존재를 만족할 줄 모르고 당연하고 시시한 것으로 받아들인다면 그는 당신에게 싫증을 느끼고 다른 사람을 찾기 시작할 것이다.

유사한 예를 들자. 진료 중인 의사가 당신은 청각 장애인이 될지 모른다고 말한다면 당신은 아마도 소리에 대해 감사하는 새로운 마음이 싹트기 시작할 것이다.

감사하는 마음은 우리에게 주어진 것들을 당연한 것으로 생각하지 않아야만 계속 유지된다. 그리고 당신은 당신이 믿고 있는 것이 언제든지 박탈될 수 있다는 사실을 받아들이지 않는다.

이와 마찬가지로 당신의 애정이 의심 같은 것으로 다소 불안한 상태에 있다면 상대방은 자신감의 결여로 함부로 오만하거나 불손하게 행동하지 못하게 된다. 그러므로 당신은 만족에 감사하기 위해 불확실한 요소를 만들 필요가 있다. 그렇지 않을 경우 상대방과의 관계를 끌고나갈 열정을 잃어버리게 될 것이다.

모두들 당신이 해낼 수 없다고 여기는
무언가를 해내는 것은 인생의 커다란 기쁨이다.
- 월터 게이저트 -

적당한 거리를
두어라

의심할 나위도 없이 '당신은 언제나 거기 있을 것'이라고 생각하게 된다면, 파트너는 더 이상 당신을 대단하게 생각하지 않고 감사하게 생각하지도 않는다. 당신에게 감사함으로 시작한 열정이 식어가는 것이다. 따라서 당신은 상대방과 적당한 심리적 거리를 유지할 필요가 있다. 즉, 상대방의 의심을 유발할 필요가 있다는 것이다.

열정이란 의심이 없는 곳에서는 소멸되기 마련이다. 의심을 하지 않는다는 것은 모든 상황을 당연한 것으로 받아들인다는 의미이다.

불행하게도 우리가 인간관계에서 불안정하면 그에 걸맞게 해로운 일이 더욱 많이 생긴다. 그것은 우리가 확신을 필요로 하기 때문이다. 당신은 영원히 상대방의 남자라는 것을 강요하고, 여자 역시 당신이 떠날지도 모른다는 의심을 당연히 하지 않는다. 그러면 열정은 소멸되고 만다. 이것이 인간본성이다.

당신은 이 항에서의 열정이나 다른 세 요소들이 아이디어나 계략이 아니라는 것을 기억해야 한다. 이것은 인간 행동을 지시하는 하나의 규칙일 뿐이다. 당신이 이것들을 이용하면, 어떤 인간관계에서도 완벽하게 효력을 볼 수 있다.

그러나 마지막으로, 모든 사람들이 그때가 되면 어김없이 저지르는 실수, 즉 그들이 당신을 어떻게 느낄까 하는 걱정은 하지 말아야 한다는 것을 명심하라.

여러분과 리무진을 타고 싶어하는 사람은 많겠지만,
정작 여러분이 원하는 사람은 리무진이 고장났을 때
같이 버스를 타 줄 사람입니다.
- 오프라 윈프리 -

느낌을 주는 법을
배워라

상대방은 당신이 자기 자신에 대해 어떤 느낌을 갖기를 은근히 기대한다. 이것은 위에서 말한 것과 결코 모순된 것이 아니다. 당신은 앞에서 말한 전략과 방법을 계속 활용하며 행동해야 한다. 중요한 것은 당신의 상대방을 존중하라는 것이다. 충고를 하더라도 상대방의 자존심을 건드린다거나 지나친 아첨과 칭찬은 삼가야 한다. 그러면 상대방은 당신이 자신을 좋아하고 존중한다는 것을 알고는 한 발 뒤로 물러선다.

사람은 누구든지 가질 수 없는 것에 더욱 매달리는 경향이 있다. 쉽게 품안에 넘어온 것에는 감사하지 않는 편이다. 어디에 가든지 얻을 수 있는 공기나 물의 소중한 가치를 사람들이 알지 못하는 것도 이런 이유 때문이다. 따라서 상대방을 대할 때에는 당신이 그에게 주는 친절이나 호감이 결코 쉽지 않은 것임을 그에게 이해시켜야 한다. 그리고 자신감을 끝까지 유지해야 한다.

자신감은 관계의 주체가 되기 위한 필수적인 요소이다. 자신감 있는 사람만이 상대방이 아름답고 위대하다고 말할 수 있다. 그것은 자존심과는 무관한 것이다.

우리는 위축되고 불안해 보이는 사람보다 자신감 있고 안정감 있는 사람을 좋아한다. 자신감이 결여돼 있는 사람은 사소한 것 때문에 상처를 받고 분위기를 차갑고 불편하게 만든다.

상대방에게 객관적인 칭찬을 한다는 것은 바로 당신에게 당찬 자부심이 있다는 것을 보여주는 것이다. 상대방은 당신의 이러한 모습에서 매력을 느낀다. 자신감 있는 모습으로 당신이 상대방을 대단하게 생각하고 있다는 것을 알게 하는 것이야말로 아주 중요하다.

다만 거짓과 과장은 금물이다. 그것은 상대방의 마음을 불편하게 만든다.

당신이 좋아하는 사람을 잃는 지름길은 위에서 말한 것과 상반되게 행동하는 것이다. 자신감 없이 상대방에 대한 자신의 느낌을 감추고 은폐하면 상대방은 여지없이 당신을 떠나게 될 것이다.

인생은 사람들 앞에서 바이올린을 켜면서
바이올린을 배우는 것과 같다.
- 사무엘 버틀러 -

에필로그

지금까지 당신이 읽은 것처럼 이 책은 사람이 아니라 사람들 사이에 일어나는 수많은 문제를 바로잡기 위한 심리적인 해결책을 제시하는 책이다.

예를 들어보자. 당신이 잘못된 인간관계를 맺고 있다는 것을 알게 되면 이 책은 당신에게 해가 될 수 있는 상황을 조절할 수 있도록 현실적으로 도움을 줄 것이다.

이 책은 단순하게 당신이 그릇된 인간관계를 맺는 이유에 대해서 처세론적인 주장을 펼치는 것이 아니다. 사람들이 당신을 이용할 때 당신이 그들의 의도를 간파하고 그런 상황에서 빠져나올 수 있도록 돕는 것이 이 책이다.

그러나 이 책이 당신으로 하여금 더 좋은 친구를 선택하도록 도울 수는 없다. 좋은 친구를 선택하기 위해서는 책보다는 실제로 사람을 만나고 그리고 그와 많은 대화를 나누는 것이 더욱 효과적일 것이다.

또한 이 책은 당신이 생각 없이 행동했을 경우, 잘못이나 실수를 했을 경우 상대방에게 용서를 받도록 도와준다. 게다가 당신을 질투하거나 시기하는 사람을 설득하는 방법을 알려주기도 한다.

이 책은 단순히 인생을 사는 동안 우리들이 마주칠 수 있는 수많은 상황에서 실용적으로 활용할 수 있는 매우 직접적인 심리적 기술들을 소개한 책이다.

이 책에 열거한 전략들이 물론 실용적이기는 하지만 가장 좋은 것은 이 전략들을 당신의 인생에서 실제적으로 활용하게 되는 상황이 오지 않는 것이다.

당신은 당신 자신과 인생에 대해 일반적으로 더욱 좋게 느낄 수 있다는 것에 주의를 기울일 필요가 있다. 이것은 상당수의 상황과 갈등과 번민 혹은 분쟁 등이 마음을 효과적으로 다루지 못하는 내적 혼란에서 오는 것이라는 사실에서 다시 한번 강조된다.

이 책의 기술들을 이해하기 시작하면 당신은 자신이 누구이고 무엇을 할 수 있는가와 같은 지혜로운 생각을 하게 되고 더 나아가 새로운 각성의 세계를 경험할 수 있게 될 것이다.

이렇게 재생된 자기 이미지는 당신이 선택한 미래를 꿈꾸도록 도와줄 것이다.

당신은 역류의 물결에 희생되는 대신에 운명과 맞설 수 있고 가장 위대한 재능인 당신의 '자유로운 의지'를 삶 전역에 활용하여 행복하게 될 것이다.

이 책은 당신의 인생을 당신의 것으로 만들고 어려운 상황을 조절할 수 있도록 돕기 위해 쓰여졌다. 그런 것을 조절할 수 있는 심리적인 기술을 습득한다면 믿을 수 없을 정도로 삶의 모습이 변모할 것이다.

이것은 당신 자신뿐만 아니라 우리 모두를 위한 길이다.

당신은 삶의 새로운 길을 발견하고 자신 있게 자신의 의지와 꿈을 세상 속에서 실현할 수 있게 될 것이다.

자, 이제 당신의 새로운 인생을 즐겨보라! 그리고 다시는 실패하지 말고, 성공적인 삶을 영위하라!